英语翻译的策略与技巧研究

柏依彤 ◎ 著

吉林出版集团股份有限公司

图书在版编目（CIP）数据

英语翻译的策略与技巧研究 / 柏依彤著. — 长春:
吉林出版集团股份有限公司, 2024.3
ISBN 978-7-5731-4686-1

Ⅰ. ①英… Ⅱ. ①柏… Ⅲ. ①英语－翻译－研究
Ⅳ. ①H315.9

中国国家版本馆 CIP 数据核字（2024）第 058318 号

英语翻译的策略与技巧研究

YINGYU FANYI DE CELÜE YU JIQIAO YANJIU

著　　者 柏依彤
责任编辑 张继玲
封面设计 林　吉
开　　本 710mm×1000mm　1/16
字　　数 220 千
印　　张 13
版　　次 2024 年 3 月第 1 版
印　　次 2024 年 3 月第 1 次印刷

出版发行 吉林出版集团股份有限公司
电　　话 总编办：010-63109269
发行部：010-63109269
印　　刷 廊坊市广阳区九洲印刷厂

ISBN 978-7-5731-4686-1　　定价：78.00 元

前　言

英语翻译的策略与技巧是一个引人入胜的主题，它涵盖了广泛的文化、语言、社会和语体层面。英语作为一门国际性的语言，其翻译不仅仅是语言传递的过程，还反映了多元文化交流和理解的复杂性。在前言中，我们将简要探讨英语翻译的主要议题和挑战。

首先，英语翻译涉及多种文化之间的沟通。英语不仅仅是在英国和美国使用的语言，它是全球范围内许多国家和地区的官方语言或第二语言。因此，英语翻译需要考虑不同文化的价值观、传统和表达方式。翻译人员必须了解源文和目标文之间的文化差异，以确保信息的准确传达，同时尊重和适应不同文化的需求。

其次，英语翻译在语言层面面临多样性。英语具有众多方言、口音和变种，包括美式英语、英式英语、澳大利亚英语和印度英语等。这些变种之间可能存在差异，涉及发音、拼写、词汇和语法。在进行英语翻译时，翻译人员需要考虑使用不同变种的读者，以确保翻译更符合他们的语言习惯。

再次，英语翻译还牵涉到不同的语体和文体。从正式的法律文件到通俗的广告宣传，英语的语体和文体各异。翻译人员需要了解不同文体的特点，以适应目标文的需求。例如，法律翻译需要极高的准确性和正式性，而广告翻译可能需要更具创意和情感。

最后，随着科技的发展和全球化的加深，英语翻译也面临着新的挑战和机遇。机器翻译、人工智能和在线协作工具正在改变翻译的方式和速度。在这个多元探索的时代，翻译人员需要不断学习和适应新技术，以提升翻译的效率和质量。

在多元探索英语翻译的过程中，我们将深入研究这些议题，探讨英语翻译的各个层面和角度。希望本书能够丰富我们对英语翻译的理解，并激发更多的思考和讨论。

柏依彤

2024 年 1 月

目　录

第一章　翻译研究综述

众所周知，自从人类产生各种语言后，翻译就应运而生。古往今来，翻译成了各国各民族交流的主要桥梁，不可或缺，可以说凡是有表述的内容，就必有翻译存在。翻译为世界上不同民族之间的交流提供了有效的途径。通过翻译，不同民族之间可以相互了解对方的思想及做事的方法，向外展示本民族的优秀文化，同时也可以吸收其他民族的文化成果。

第一节　翻译的界定标准与审美

一、翻译的界定与通用标准

（一）翻译的内涵

从广义的角度来看，翻译是指两种语言之间，还有语言和非语言之间的基本信息的传达及代码的转换。例如英语和汉语之间的相互转换，语言和声音、手势语之间的相互转换。

从狭义的角度来看，翻译是以克服语言障碍、转变语言形式来实现意思交流的一种跨文化的交际手段，是一种语言和另一种语言相互交流的活动。翻译是我们把一种语言所要表达的内容用另外一种语言的形式表达出来，是一种形式上的转换和意义上的传递。

从“翻译”的定义来看，翻译即为言语的转换，目的是使读者能够理解源语的含义。《新华字典》将其解释为“将一种语言文字的内容形式依照原来的意义改变成另一种语言文字的形式”①；《现代汉语词典》将其解释为“把

① 新华辞书社编辑．新华字典［M］．北京：商务印书馆，1957.

一种语言文字的意义转化成另一种语言文字并将其意义表达出来”①。翻译所要表达的基本含义有两个：翻译是以忠实于原作为目的来进行的行动；翻译是两种语言之间互换的活动。

此外，我国的范仲英教授曾提出：“翻译是人类交流思想过程中沟通不同语言的桥梁，使通晓不同语言的人能通过原文的重新表达而进行思想交流。翻译是把一种语言（源语）的信息用另一种语言（译语）表达出来，使译文读者能得到原作者所表达的思想，得到与原文读者大致相同的感受。”②

苏联学者费道罗夫认为：“翻译是用一种语言手段忠实、全面地表达另一种语言表达的东西。”③美国翻译家奈达认为：“翻译是在接受语中寻找和源语信息尽可能接近的、自然的对等话语。”④所有这些都道出了翻译的本质，即忠实地传达原意。因为语言不仅仅是交流的工具，还是文化的载体，它本身也有意义，所以，把翻译当成一个过滤装置，一经翻译只存意义，滤出语言形式（表达手段）的做法往往会使我们失去很多有价值的东西。

（二）翻译的通用标准

关于翻译的标准，可谓众说纷纭。其中，国内译界流传、遵循最广的翻译标准，至今仍是清末翻译家严复提出的“信、达、雅”三字说：“信”指应用原作内容，取信于读者；“达”指译文酣畅地道，为译文读者喜闻乐见；“雅”强调译语包装，增强译文的可读性。这实际就是从本质上肯定了翻译的第一要义。

二、翻译的审美

（一）翻译审美的原则

关于翻译的原则也有很多论述，笔者这里只想强调以下两点：

一是必须确立翻译审美标准的相对性。不能简单地把一种语系之间的转

① 中国社会科学院语言研究所词典编辑室．现代汉语词典［M］．北京：商务印书馆，1989.

② 范仲英．实用翻译教程［M］．北京：外语教学与研究出版社，1994.

③ 费道罗夫．苏维埃商业的组织机构［M］．北京：财政经济出版社，1958.

④ 尤金·A.奈达．语言文化与翻译［M］．严久生，译．北京：中国标准出版社，1998.

换规律说成是另外一种语系之间的转换规律。语系转换规律具有相对适应性，因此，审美标准也要具有相对性。例如，同一语系之间的双语转换可以容许有较多模拟式的形式美，而不同语系间的双语转换则应努力探求对应式或重建式的形式美。这点是针对当下理论界的“唯洋派”而说的。

二是必须确立翻译审美标准的依附性。翻译不是创作，不能不顾原文一味臆造，因此，译者必须选择与原文审美构成相适应的审美再现手段。这点是针对当下理论界的“译者主体性”“译作自创论”而说的。

（二）翻译审美的方法

一是模拟，即按照原文的语言形式美和文章气质美模仿复制译文。

二是对应，要求译者善于捕捉原文模糊性的审美构成，还必须对目的语具有较强的审美意识，能在目的语中找到与原文的美相对应的表达方式。

三是重建，是高层次的审美再现手段，前提是审美主体必须充分发挥自己的审美功能，完全进入“化境”，才能对原文的美重新加以塑造。

第二节　翻译学的发展及流派

一、翻译学的概念界定

翻译研究成为一门学科则是20世纪下半叶的事情。在语言学界，这一学科现在被称为“翻译学”（translation studies）。这一切要归功于荷兰的美籍学者詹姆斯·霍姆斯（James Holmes）。他确定了翻译研究的两大目标：一是描写从我们的经验世界里表现出来的有关翻译过程和翻译作品的各种现象，二是确立一些普遍原理，以描写和预测上述现象。

霍姆斯将翻译学分为应用翻译学研究和纯翻译研究两大类。他在1972年发表的论文具有非常重要的意义，为翻译学划定了界限，但该文直到1988年才为人们所熟悉。霍姆斯认为，当时刚刚诞生的翻译学科主要关注的是“围绕翻译活动和翻译作品的各种复杂问题”。①

① 霍姆斯．社会语言学导论［M］．英文版．北京：世界图书北京出版公司，2011.

1995年，玛丽·斯奈尔-霍恩比（Mary Snell-Hornby）的专著《翻译研究：综合法》（*Translation Studies: An Integrated Approach*）第二版出版。在序言中，她已经提到“翻译学作为一个完全独立的学科所取得的惊人的发展”，以及对此学科在“国际范围内所进行的广泛的讨论”。[①]

蒙娜·贝克（Mona Baker）在首版《翻译研究百科全书》的引言中，花了大量的篇幅讨论“这一令人振奋的、或许是整个20世纪90年代唯一的新兴学科”，认为这一学科内涵丰富，将众多较为传统的研究领域的学者聚到了一起。[②]

二、翻译学的发展阶段

（一）翻译学发展的第一阶段

乔姆斯基的生成转换语法和翻译语言学，对翻译学发展的第一阶段具有重大影响，它们共同的基础是结构主义语言学。

1. 生成转换语法——普遍性要素研究和翻译

可译性的讨论是基于对语言与思维关系这一基本问题的不同认识。乔姆斯基的生成转换语法研究也涉及这一基本问题，由其引发的结构语义学（structural semantics）又将普遍的语义要素引入结构主义的语言理论。这是对现代翻译研究影响很大的理论之一。

生成转换语法有两个重要的概念：说明语言双重性的概念和说明语言使用者能力的概念。

（1）说明语言双重性的概念，包括深层结构（deep structure）和表层结构（surface structure）。

深层结构表示一句话在所有语言中共通的语义内容；表层结构表示经过转换规则，体现在各种语言中的同样语义内容的不同形式结构。深层结构和表层结构的概念、它们之间的转换规则和结构语义学，似乎为语言的可译性提供了理论基础：一种语言的表层结构可以通过源语转换规则的分析，回归

① 玛丽·斯奈尔-霍恩比．翻译研究：综合法［M］．上海：上海外语教育出版社，2001.

② 莫娜·贝克，加布里埃拉·萨尔达尼亚．翻译研究百科全书［M］．2版．上海：上海外语教育出版社，2010.

为所有语言共通的深层（语义）结构，再通过译语转换规则的综合，生成译语的表层结构。生成转换语法理论甚至推动了计算机辅助翻译的模式化研究，激发了研究者们用机器翻译取代人工翻译的梦想（最早的研究始于1945年，但主要的尝试集中在20世纪60年代），但这种尝试最后以失败告终。

（2）说明语言使用者能力的概念，包括语言能力（competence）和言语能力（performance）。

语言能力是指人类普遍具备的、理想的、已内化的规则和以有限语音和词汇为基础的语言知识。言语能力是指基于主观经验、受社会文化制约、在语言知识的基础上无限“生成”正确语句的语言运用能力。

生成转换语法和普遍性要素研究没有为翻译学带来更多成果的原因主要有以下几个方面：

（1）这些研究虽然克服了早期结构主义的某些缺陷，但其主要研究对象仍然是语言的系统结构和能力；语言的运用（言语能力）的研究仅扮演了极次要的角色；语言的交际功能几乎没有被考虑。

（2）把翻译仅仅理解为按照既定规则进行的译码过程，这是导致计算机翻译模式化研究失败的直接原因。

（3）乔姆斯基对语言深层结构的句法描述，以及之后的结构语义学又将普遍的语义要素引入结构主义的语言理论，在很大程度上都是针对以英语为主的西方语言的研究，因此在汉语研究上遇到了很多障碍。迄今为止，并没有得出各种语言共通的普遍认可的深层结构模式。

尽管如此，结构主义语言学和生成转换语法、普遍性要素的研究和机器翻译可行性的研究对翻译学的发展还是带来了不可忽视的重要影响。机器翻译的理论和应用研究在早期完全替代人工翻译的梦想破灭之后，仍在继续发展，但它不再是对人工翻译的威胁，而是一种极有用的新辅助手段。对机译文本的预处理（pre-editing）和后处理（post-editing）为人工翻译开辟了新的工作领域。

2. 翻译语言学——等值理论

以翻译语言学（translation linguistics）为导向的翻译学，力图以语言学的手段描述源语及其与译语的关系。它认为，翻译是对信息的解读，这种信息由信息“发出者”用源语编码发出，由译者接收并转换为译语编码之后发送给译语“接收者”。此过程中，信息内容不变，这一内容的“不变量”（invariance）作为源语语段和译语语段之间可比较的第三者（tertium comparationis），是评判翻译质量的决定性的标准。其翻译的可能性基于各个双语的最小片段之间潜在的“等值关系”或“等价关系”（equivalence），翻译时它们可以互相替代，被称为“最小翻译单元”。可以说，等值理论是翻译语言学的中心概念。

翻译语言学极其重视对这种双语之间潜在的“等值体”的描写和分类研究，在一段时期内与对比语言学（contrastive linguistics）异曲同工，虽然出发点不同，但研究内容和方法相似。

翻译语言学研究从语料分析（corpus analysis）入手，即寻找源语的元素与其公开发表的译语中的对应体。这种主要为演绎式的研究（stylistique compare）得出了一系列潜在的词汇及句法等值体的对照清单。这些成果常常成为传统翻译教学的主要内容和评价翻译质量的主要标准。

等值理论最初涉及的等值层面主要包括词汇意义等值和语法形式等值，并概括出四种等值体的对应关系，即一对一、一对多、多对一、一对零的对应关系。

坚持翻译语言学方向的学者面对早期模式（最小翻译单元的等值）的缺陷，对等值体的概念进行了修正和细化，提出了不同语言层面的等值要求，包括概念义等值、附加义等值、语篇规范等值、语用义等值乃至美学形式等值。但是在实际翻译过程中，要在各个层次上都实现等值是不可能的，实际翻译中存在着大量“不对等”的翻译。对于在不能全面顾及不同层次的“等值”关系时，以什么原则来确定翻译的方法、如何解释“不对等”的翻译现象等问题，等值理论没有给予令人满意的回答。

翻译语言学存在的问题如下：

（1）翻译语言学仅仅注意到翻译的结果（译文），没有注意到翻译的过程。

（2）以记录、描写方法获得的“等值体”对照清单，成为教科书上要求遵循的、规范式的“翻译规则”和“翻译技巧”，实际上却混淆和抹杀了语言（language）和言语（parole）的区别。因为潜在的等值体属于语言系统层次，而译者却始终是在和言语（语言系统在具体语篇中的实际运用）打交道。

（3）现实中经常能见到同一源语语篇的若干种相互“不等值”但均被普遍认可的译语版本，就很难用这种语言的规范系统来解释，更不用说来论证了。几乎所有的译者在无法进行逐词翻译时，都会毫不犹豫地抛开翻译教科书提供的“标准译法”，即潜在的等值体，而采用其他大相径庭的翻译方法。

（4）即便是同一个翻译任务，不同的译者对源文的理解、对译文读者的估量和个人的翻译水平（不仅是语言水平）等各个方面也肯定有所不同。这些不同自然会反映在翻译的结果上。

（5）仅针对“翻译单元”的切分而言，因为翻译教科书一般不考虑整个语篇，更不考虑具体的翻译任务要求和读者群体的期待，所以教科书提供的做法可能与实际翻译工作中的做法完全不同。

3. 翻译理论的转向

为了找到翻译语言学无法给出的答案，翻译学研究开始逐步转向强调语用、功能、过程、语篇研究的新方向，逐步脱离结构主义语言学的规范化的等值要求，这也是大势所趋。

乔治·维尔斯虽然仍在语言学的基础上研究翻译，但大大超出了传统的翻译研究领域。他于 1980 年提出“与翻译相关的语篇语言学”的任务是通过“语篇表层的语言学分析，从语篇语义、语篇功能和语篇语用等方面重构语篇形成的条件，以此作为前提，去发展具有不同语篇种类特点的翻译方法论”①。

美国翻译家奈达的研究成果为克服翻译语言学的众多缺陷做出了很大的贡献。从 1964 年起，他就认为翻译是一个分析、转换和综合的过程，这意味着应当首先在意义上、其次在风格上尽可能自然地用译语产生源语信息（而不是语言）的等值体。

因此，译者的座右铭应当是，实现面向接受者的源语语篇和译语语篇之间动态的等值。用功能翻译学的术语可以称为功能等值。

① 乔治·维尔斯. 极简世界史: 全彩版[M]. 徐萍, 译. 长春: 吉林出版集团有限责任公司, 2017.

因为不同语言具有不同特点，所以源语语篇和译语语篇在语言形式上不可能完全一致，最佳的情况是达到功能的一致。这就要求译者在翻译时注意应优先考虑什么，奈达认为场景和动态的一致比词句和形式的一致更重要，照顾译语接受者的文化比模仿源语文化更重要。在这个意义上，奈达可以算是后来产生的功能翻译学的先驱。

奈达的研究成果对于现代翻译学的发展具有重大意义。当然，他在清晰说明语篇整体和具体“翻译单元”的关系方面做得还不算成功，也没有彻底摘掉套在“等值体”概念上的神秘光环。他虽然强调了动态或功能，但仍然在讲“对等”，也仍然没有摆脱“等值理论”的范式。

奈达的专长是《圣经》翻译，目的是最有效地完成教会传播《圣经》的任务，需要将读者的易接受性放在首位，因此追求译语语篇与源语语篇的功能等值（动态等值）是很自然的。他还没有意识到，译语语篇与源语语篇功能相异的翻译也可能是重要且“合理合法”的翻译类型。

无论如何，奈达考虑到了译语的文化背景，因而在实际上考虑到了译者本人，同时他考虑到译文的目的，因此也考虑到了译文的接受者。所以，虽然他没有完全克服，但至少冲破了语言学对翻译理解的束缚。

（二）翻译学发展的第二阶段

20 世纪的最后 20 年，翻译理论和翻译学逐步剪断了与语言学相连的脐带，翻译学成为独立的学科，而不再是语言学众多分支中的一支。国际上产生了不同的翻译新理论，为功能翻译学的最终诞生奠定了基础。

1. 翻译学的语篇语言学和语用学

翻译学的语篇语言学和语用学的最大贡献是将语篇与接受者的关系划分为四种基本的语用类型。这种划分得到实际翻译工作者的热烈赞同，因为这符合他们的职业经验。这四种基本类型如下所述。

（1）源语语篇和译语语篇所面向的接受者基本相同（如阅读专业语篇的专业读者），也就是说，源语语篇和译语语篇的朝向一致。在这种情况下，译语语篇自然容易最佳地适应译语接受者的期待。

（2）源语语篇是专为源语的交际群体写的（如国内政策报道），也就是说，源语语篇面向源语的接受者。这样的语篇如果要翻译出来，无论如何都会使译语语篇的读者感觉陌生，除非通过变通或补充使之接近第一种类型。

（3）源语语篇主要面向源语接受者，潜在地也面向译语接受者（如畅销书）。这类语篇的翻译一部分按照第一种类型处理，另一部分按照第二种类型处理。

（4）源语语篇直接面向译语接受者，因为它本来就是为译语接受者拟就的（如某些广告语篇和所有为口译拟定的语篇）。这些语篇可以被称为"信息的建议"，可以由译者自由调整和利用，以期在译语语篇中实现应有的功能。

2. 描写翻译学

描写翻译学是指20世纪70年代出现的所谓操控学派的描写式翻译研究，也是翻译新理论之一。该理论强调译语语篇的重要性，坚决反对语言学对翻译的束缚（主要反对"等值"的要求），并反对翻译理论的标准化和规范化倾向。当然，操控学派的研究主要集中在文学翻译上。

描写式翻译研究也预示了功能翻译学的主要特征：强调译语文化和语言的交际群体，译语语篇的功能要在它们之中实现，要为了它们而实现。描写翻译学认为，为了语篇功能的实现，必然或多或少地要对源语语篇进行操控，并提出一个论断："能够由译语的交际群体作为译文接受的每一语篇，都与源语语篇处于某种等值关系之中。"① 这种说法实际上是不再把传统的等值概念当作翻译学的中心概念。

3. 跨学科的研究

20世纪最后20年的翻译学具有跨学科发展的倾向，最著名的是斯奈尔·霍恩比于1988年提出的层级模式（stratification model）。斯奈尔·霍恩比还将菲尔默的场景与框架理论引进了翻译学研究，由此引发了翻译学的"认知学转向"。

斯奈尔·霍恩比的层级模式绝不是提倡规范化、标准化。这种模式的本质是描写式的，因为只有这样才能适当地把握翻译的多面性的本质。这种将翻译学视为"交叉学科"（interdiscipline）的观点认为，翻译作为具体交际场景中的具体行为总是受到多重的、互补的制约。翻译完全不是一种单质的现象，对翻译的研究可以而且应当引入不同的学科。

---

① 霍姆斯．社会语言学导论［M］．英文版．北京：世界图书北京出版公司，2011.

从这种观察角度来看，因为翻译是跨文化的交际，所以文化的概念获得的地位比在以往的翻译语言学论述中重要得多。通过细致地考察源语语篇和译语语篇的场景框架，以及由此而得出的译语语篇的功能定位，源语语篇和译语语篇建立起新的相互关系。“神圣的原文”终于不再神圣。

4. 功能翻译学

翻译的目的或功能成了一种与跨学科层级模式大约同时产生的新翻译理论关注的中心——赖斯和费尔梅尔的目的论，即功能翻译学的关注中心。

赖斯和费尔梅尔论述功能翻译学的著作名为《普通翻译学基础》。他们认为找到了能说明所有翻译种类的“普适理论”。实际上，功能翻译学是对从奈达以来的众多研究成果的综合。

功能翻译学将翻译定义为译者（译者应有的重要性终于得到了承认）复杂的（不仅是语言的）、跨文化交际的行为。翻译的目的是根据翻译任务的不同，在源语语篇和译语语篇之间建立功能的一致性或功能的相异性。翻译的质量不应以对源语语篇的忠实度来衡量，而应以译语语篇的功能适宜性来衡量。

奈达已经在译语语篇的功能问题上提出了与功能翻译学类似的观点。虽然他只谈了一致的功能，未涉及相异的功能，但在他从事的《圣经》翻译事业中，译语语篇功能适宜性主要体现为源语语篇和译语语篇之间功能的一致性。贺尼西和库斯茅尔、从事描写翻译研究的学者及莱比锡学派的“语用学派”都已经将其当作论述翻译问题的前提条件。

功能翻译学的研究对象包括所有的广义及狭义的翻译种类，这意味着所有类型的“加工和处理”都可能是“具有充分价值的翻译”。值得注意的是，这种对传统翻译概念的扩展获得了翻译实践家的真心赞同，而部分理论家尚持有异议。

费尔梅尔和他的学生发表了一大批进一步细化功能翻译学的论文，其中一部分引起了热烈的讨论。这并不奇怪，因为功能翻译学本质上是自奈达以来，包括贺尼西和库斯茅尔、诺易伯特、卡德、斯奈尔·霍恩比直至威尔斯等学者众多研究成果的综合。

功能翻译学理论很快得到了其他翻译学家的支持和补充。这些研究更多面向实践、面向应用，尤其是面向教学，如德国的诺德（语篇教学）、贺尼西、科尼西（翻译教学法）和库斯茅尔。贺尼西和库斯茅尔更是从 1982 年起就在他们的教科书中提出了很多与费尔梅尔类似的主张。

三、翻译学现状

功能翻译学的产生，以及针对费尔梅尔功能翻译学理论和观点所进行的直接或间接的学术讨论，推动了翻译学的发展。

20 世纪 80 年代以后，有望带来新成果的是一批翻译学家，如科尼西、克林斯、库斯茅尔、略舍尔，他们以心理语言学为基础，以翻译过程为中心开展研究工作。他们使用的研究方法是经验归纳式的调研、记录和分析，其主题是“译者思考的是什么”；其研究的目的是描述翻译过程，不是为翻译制定规范或建立翻译模式；其具体做法是让译者用口语或书面语，以独白或对话的形式大声地说出想法，使用心理学研究中开发的“大声思考的记录”这一方法，记录下他们是如何思考和工作的，他们是怎样最后确定了自己的译语语篇版本的。威尔斯论述了这种过程研究的可能性和局限性。

另外，人工智能研究的发展也促使人们重新认识翻译过程。人们希望未来的人工智能研究能为实现计算机辅助翻译提供新的可能性。

迄今为止，对翻译过程的研究成果在数量和质量上还很不够，自然不可能使翻译学普遍注意到翻译过程的研究。总的来说，20 世纪末期，翻译科学呈现出多元的、不统一的景象。

翻译学的建构与发展之所以异常困难，主要是因为其研究对象的复杂性。实际上，在人文科学领域内建立学科理论要比自然科学领域困难得多，翻译领域更是如此，情况更为复杂。它不仅涉及不同的语言，还涉及不同的文化和交际群体。在翻译场合中相互交际的个人有着不同的兴趣、意图、表达和理解的可能性，同时又只能以间接的方式——通过译者进行交际。更何况，笔译或口译者本身也是相互不能替代的各自独立的个人。研究语言的现实就够难的了，要科学并且明确、完整地把握笔译或口译过程中各种各样重要的非语言因素，并使之系统化，简直就是一项让人望而生畏的任务。

虽然现代科技尤其是计算机技术的迅速发展给机器翻译的发展带来了新

的机遇，但是机器能翻译的也仅仅是一些极有限的专业领域里有意标准化了的语篇（如加拿大的英—法文天气预报），或逐词的翻译。机器翻译不仅没有代替人工，还为人工翻译开辟了新的工作领域，即机译的源语预处理和译语后处理工作。在绝大多数场合下，仍然要由译者靠个人对源语语篇的理解来完成译语语篇。

译者在工作时要遵守哪些标准和原则？要回答这个问题并不容易。前面说过，因为译者的认知能力和诠释能力不同，其译语表达能力也不同，所以实际上译者只能依照力所能及的标准进行翻译，或者说只能会多少翻译多少。

如果越来越多的学者能够努力从整体上全面考察翻译这一复杂现象，肯定会使翻译理论建设获得进步，而固守某种“模式”的做法已经过时了。这些“模式”是对复杂现象的不恰当的简化，因此一直以来都受到翻译实践家的怀疑，而且这种怀疑不无道理。

原来主要由语言学（包括社会语言学、心理语言学、语篇语言学、符号学及行为理论）为翻译科学标记的领域扩大了。人们把重要的相邻学科，如交际学、文化理论和文化发生学、诠释学、跨文化学、国情对比研究、行为研究和人工智能研究、社会学、美学、逻辑学等融合在一起，对翻译进行跨学科的考察。此外，近年来，翻译学界对翻译教学法问题更看重了，虽然这方面的研究还亟待进一步改进。

所有这些可能给翻译学带来一次大变革。同时，人们逐渐认识到，研究方向或学派相互间的是非之争不会带来任何好处。相反，面对笔译和口译这种复杂的对象，翻译学研究方向和研究方法的多样性共存才更有利于学科的发展。

对于现代翻译学来说，当前的任务是少给一些所谓“正确”笔译和口译的“处方”，多增强译者的自我意识，让他看到他在有各种矛盾因素的具体交际场合中有巨大的可选择性。方法是研究和描述交际行为的认知过程，使之成为可教可学的东西。用这种方法，翻译学可以为译者提供一种导向，帮助他对自己的实践进行理论上的反思，以此为基础，使他自己的行为符合交际场景的要求；同时，他可以获得必要的自信，能够说明为什么自己选出的方案是最佳的解决方案。

如果译者能够自觉认识到自己到底是做什么的，也就能够通过不断扩展知识去适应不断变化的要求；理解外行的立场，与他们讨论译文的质量；向委托人和最后的使用者说明他们的合理期待，以及他们怎样能使翻译产品符合实际需要；判断他人的翻译质量；现实地评价和有效地利用辅助手段（特别是计算机辅助手段）；培训、指导其他共事者，评价他们的翻译；判断利用计算机翻译的可能性（必要时参与有关软件的开发）。

当今翻译学学术研究范围的扩大也有其负面的影响。新的发展凸显了翻译学"不精确"和"无法重复"的特点。"精确性"和"可重复性"是对自然科学的要求，而非对人文学科的要求。我们不能用它来要求人文学科，更不能用它来要求以语用学、交际理论为基础的翻译学。尽管如此，建构新翻译学所面临的任务，相比其作为语言学、文学或语文学的一个分支的时候更加任重而道远，这一点是无法否认的。

第三节　翻译者的素质条件

一、心理和生理素质

（一）翻译者的心理素质

由于口译工作总是在大庭广众之下进行的，译者要面对众多的听众。临场经验不足的译者总有一种怯场心理，尤其是在比较重要的场合。怯场的原因多半是自信心不足，对专业或专业术语不熟，怕其他懂外语的人挑剔。怯场难免会影响译者的情绪和口译的质量。

为此，译者要注意突破心理障碍，培养从容面对听众的良好的心理素质。具体方法是平时要注意锻炼在大庭广众之下说话的胆量，每一次会议前都要认真做好译前准备，尽量找机会与会议的组织者、发言人有所接触，尽可能多地了解会议的背景情况。如果是专业性较强的会议翻译，译者事先还要阅读一些有关方面的资料，强记专业术语，做到心中有底，以防情绪紧张而影响翻译质量。

（二）翻译者的生理素质

（1）无论是本国民族语言还是外语，都要发音清楚，明白易懂。译者讲话不能带有方言土语，因为如果译者讲方言土语，可能会有很多人听不懂。另外，译者又必须懂得各种方言土语，因为讲话人可能来自不同的地方，如果听不懂他们说的话，就无法翻译。

（2）说话要干脆利落，避免重复啰嗦。

（3）语速要适当，停顿要自然。

（4）语调要自然，不能装腔作势，更不能喧宾夺主。

（5）声音大小要适中，声音太小会令听众听起来费劲，声音太大则可能产生噪声。

二、专业操作能力

（一）语言对比能力

译者要熟悉双语在语音、语法、词汇、句法、修辞和使用习惯上的种种差异，打破双语之间的天然壁垒，既要会“因循本质”，又能“依实出华”，收放有度，把地道的原文转换成规范的译文。

（二）跨文化能力

翻译是一个需要“了解一切”的专业，“不需要了解关于某件事的一切，但是需要了解每件事的一点点”，译者的知识面越宽越好。当然，样样精通是做不到的，但是“译一行通一行”却是可能的。对于源语的文化和译语的文化都要有系统地了解。我国有一个十分独特的赞美词：学贯中西。学好中国文化不容易，学好西方文化也不容易，同时学好中国文化和西方文化，还能将两者融会贯通，更是难上加难。虽然在现实生活中，能配得上这个词的人少之又少，但它还是毫无疑问地成为我们衡量一个人是否广学博识的重要标准。

跨文化能力的核心内涵是：尊重世界文化的多样性，具有跨文化同理心和批判性文化意识；掌握基本的跨文化研究理论知识和分析方法；熟悉所学语国家的历史与现状，理解中外文化的基本特点和异同；能对不同的文化现象、文本和制品进行阐释和评价；能得体地、有效地进行跨文化沟通；能帮助有不同语言文化背景的人进行有效的跨文化沟通——翻译。

三、广博的杂学知识

杂学知识，也被称为言外知识，指的是除双语语言外的诸多知识。译者需要具备广博的杂学知识，这是一个永恒而常新的问题。在信息化迅猛发展的新时期，翻译这门学问不可能孤立存在，必定会与人文、传统、宗教、经济、美学、心理学等各个领域的知识有千丝万缕的联系。

傅雷曾经说过："译事虽近舌人，要以艺术修养为根本；无敏感之心灵，无热烈之同情，无适当之鉴赏能力，无相当之社会经验，无充分之常识，势难彻底理解原作，即或理解，亦未必能深切领悟。"[①] 杨宪益曾与夫人戴乃迭合作翻译中国古典小说《魏晋南北朝小说选》《唐代传奇选》《资治通鉴》《聊斋》《儒林外史》《红楼梦》等经典作品。其中，《儒林外史》描写秀才举人、翰院名士、市井细民，科举礼教、腐败事态，社会百态无不囊括其中；《红楼梦》的内容更是广博宏大、包罗万象，是我国古代优秀的文化百科全书，其中，胭脂服饰、茶酒饮食、药材养生、园林建筑、宗教礼数、诗词戏曲无所不包。杨宪益先生能将这些文化巨著译成英文，并且措辞妥帖、行文优美，实在是得益于其丰富的生活阅历、完整的知识体系，以及孜孜不倦、精益求精的工作精神。

学界泰斗季羡林的学术研究领域主要有印度古代语言、中印佛教史、吐火罗文译释、中印文化交流史、比较文学、文艺理论、东方文化、敦煌学等。季羡林悉心研究中外历史，其丰富的译著为传播人类先进文化思想做出了极大贡献。翻译家傅雷在古今中外的文学、美术理论、美学批评等各个领域都有极渊博的知识，因此才有影响了几代国人的《约翰·克利斯朵夫》《巴尔扎克全集》《伏尔泰小说选》等译著。

在《青年人的苦闷》这篇文章中，胡适先生用"一点一滴的努力，一尺

① 傅雷．傅雷谈文学［M］．南京：江苏文艺出版社，2017.

一寸的改善”来鼓舞激励青年人。如今，该警句亦可以用来鞭策译者，只有孜孜不倦地学习、点滴积累杂学知识，才能在翻译的道路上行得正、走得远，取得“一尺一寸的改善”。

第四节　翻译的新定位与新定义

一、关于“生态范式”

范式(paradigm)是个大概念，涉及特定研究领域中大的“方向”和大的“原则”，是一种研究途径或研究模式的总体理念、价值判断和研究方法的集中体现。

生态翻译学多次对其评论“范式”做出定位。例如，在谈到生态翻译学的基础理论“翻译适应选择论”的研究目的时指出：“在于试图找到一种既具有普适的哲学理据又符合翻译基本规律的译论范式。”[①] 其翻译观“着眼于‘人’，致力于‘纲’举‘目’张”[②]，最终确立以译者为中心的“‘翻译 = 适应 + 选择’的理论范式”。翻译适应选择论还被概括为“以达尔文‘适应 / 选择’学说的基本原理和思想为指导，以‘翻译即适应与选择’的主题概念为基调，以‘译者为中心’的翻译理念为核心，能够对翻译本体做出新解的翻译理论范式”；该理论“致力于揭示和复现翻译之本来面目，并试图找到一种既有普适的哲学理据又符合翻译基本规律的译论范式”[③]。

总之，作为一种具有跨学科性质的生态学翻译研究途径，生态翻译学是运用生态理性、从生态学视角对翻译进行综观的整体性研究，是一个“翻译即适应与选择”的生态范式和研究领域。

在《新牛津英汉词典(2007)》中，“paradigm”释义为范例、示范、典范。

提奥 · 赫曼斯（ Theo Hermans ）也指出，“范式”为翻译研究制定“指

① 胡庚申 . 翻译与跨文化交流：嬗变与解读[M]. 上海：上海外语教育出版社，2010.

② 胡庚申 . 翻译与跨文化交流：嬗变与解读[M]. 上海：上海外语教育出版社，2010.

③ 胡庚申 . 翻译与跨文化交流：嬗变与解读[M]. 上海：上海外语教育出版社，2010.

导原则”，是“研究特定问题的手段”和“解决问题的方法”。[①]可见，范式实际上包括了学科共同体所共有的理论假设、研究模式、研究方法、价值标准和形而上学的原则，是某一学科共同体成员的世界观、价值观和方法论的“总和”。

在生态翻译学研究领域中，上述从生态学视角探讨翻译理论的“生态范式”正在逐步形成，并受到越来越多的认同，其主要标志是不少学者在研究相关问题时的基本观念、价值判断、研究方法，以及所采用的术语和结论的指向等，基本上都纳入了翻译理论的生态学研究。

这些聚集在生态翻译学“共同体”中的研究者认同生态翻译学对翻译的基本描述，接受生态翻译学对翻译研究的指导原则，遵循生态翻译学整体关联的研究方法，而他们在进行特定问题研究时也采用了生态翻译学共同的价值标准。这些研究已经不是孤立的、单一的个案研究，而可以看成是在生态翻译学理论“范式”之下的共同研究。

二、关于“关联序链”

早在生态翻译学的基础理论研究之初，我们就阐述了翻译活动（翻译生态）和自然界（自然生态）之间的关联性和互动性，并曾找到了一条从“翻译”到“自然界”的具有内在逻辑联系的认知视野延展的链条，姑且可将其称为“关联序链”。

鉴于翻译是语言的转换，语言是文化的一部分，文化是人类活动的积淀，人类又是自然界的一部分，我们可以从中看到一个很有意义的内在联系。

这一“关联序链”体现了人类认知视野拓展和理性进步的基本路径，它符合人类认知能力演化的基本规律，同时具有互动性和递进性，可以说勾勒出了人类认知视野不断延展的逻辑序列和内在的指向机制。翻译研究的重心从翻译本身到语言、文化、人类生态，其间又不断反复、互动，正好反映出这一走向及其特征。从上述“关联序链”也可以看出，翻译活动与生物自然界之间的互联关系，以及自然生态系统与人类社会系统共通互动的基本特征。

① 提奥·赫曼斯.系统中的翻译——描写和系统理论解说[M].上海外语教育出版社，2004.

“关联序链”的重要性使其成为生态翻译学形成和发展的一个重要前提和依据。近年来，不断有学者开始注意并应用和发展“关联序链”的基本内容。孟凡君（2010）在《生态翻译学视野下的当代翻译研究》一文中指出，翻译研究与学术系统内的其他学科研究一样，在本体论研究之后，就会按“语言学→文化学→社会学→人类学→生态学”的次序进行研究范式的转向。他认为，翻译研究的范式转换并非是翻译研究视角的转向，而是翻译研究视野的扩大。[①]

从生态翻译学中“关联序链”的理论视角来看，从“翻译”（翻译生态）到“自然”（自然生态），其中具有明显的关联性、互动性和递进性。该理论视点所勾勒出的“翻译→语言→文化→人类→自然界”的人类认知视野递进延展的逻辑序列和关联界面，不论对于宏观的译学整体研究，还是对于微观的文本翻译研究和评析，显然会更为全面、更为系统，进而也会更为接近所研究事物的真相。

三、关于“译有所为”

生态翻译学基础理论中提出的“译有所为”，从内涵上看，主要表现在两个方面：一是译者从事翻译有其特定的动因（侧重主观动机），二是翻译出来的东西具有现实意义（侧重客观效果）。

对于前者，译者从事翻译活动有温饱情欲之需，有功名利禄之求，有道德伦理之爱，还有渴求天地宇宙之悟。因此，从译者主观动机的视角来看，“译有所为”可以“为”在“求生”，“为”在“弘志”，“为”在“适趣”，“为”在“移情”，“为”在“竞赛”，等等。

对于后者，翻译功能之大、业绩之丰无人否认。从“译有所为”的视角来看，可以“为”在促进交流沟通，“为”在引发语言创新，“为”在推动译学发展，“为”在推动文化发展进程，“为”在催生社会变革，等等。

---

① 孟凡君．生态翻译学视野下的当代翻译研究［J］．外国语，2000（1）：26-27.

四、关于“翻译生态环境”

“翻译生态环境”的概念最早是在《翻译适应选择论初探》[①]（胡庚申，2001）一文中提出来的。作者引入“翻译生态环境”的概念，而没有沿用“语境”或“文化语境”，主要是考虑到以下两个方面：

一是使用“生态环境”的提法能与达尔文生物进化论中“适应 / 选择”学说匹配。二是“翻译生态环境”与语境、文化语境在基本概念、范围、所指等方面有很大的不同。语境即使用语言的环境，而文化语境还是语境，只是侧重文化学视角，或只是用文化学的术语而已。语境是以使用语言为参照，不包含语言本身或语言使用，而“翻译生态环境”的构成要素包含了源语、原文和译语系统，是译者和译文生存状态的总体环境。因此“翻译生态环境”的概念要比翻译的“语境”更拓展一些。

随着研究的深入，“翻译生态环境”的概念更为明确，是指原文、源语和译语所构成的世界，即语言、交际、文化、社会，以及作者、读者、委托者等互联互动的整体。“翻译生态环境”构成的要素包含了源语、原文和译语系统，是译者和译文生存状态的总体环境，它既是制约译者最佳适应和优化选择的多种因素的集合，又是译者多维度适应与适应性选择的前提和依据。

近几年，“翻译生态环境”的定义更为宽泛，是指由所涉文本、文化语境与“翻译群落”，以及精神和物质所构成的集合体。翻译生态环境有大环境、中环境、小环境之分，既包括物质环境又包括精神环境。可以这么说，对于翻译而言，译者以外的一切都可以视为翻译的生态环境，同时每位译者又都是他人翻译生态环境的组成部分。

“翻译生态环境”是生态翻译学的核心概念之一，特别是近年来其概念外延在不断调适和扩展，因此引起了学者们的关注。

如同一则英语名言“No context，no text”（没有语境，就没有文本）所述，“翻译生态环境”对于翻译文本的产生至关重要。对于具体翻译来说，大到内容风格，小到遣词造句，都会与“翻译生态环境”有关联，只是这种

① 胡庚申．翻译适应选择论初探［M］．武汉：湖北教育出版社，2004.

关联可能表现为不同的形式（如直接的或间接的、物质的或精神的），或者不同的程度（如较密切的或稍远一点的）等。

五、关于“译者中心”

翻译理论的根本问题之一是如何描述和解释译者在翻译过程中所扮演的角色。译者在翻译过程中的重要性也使这一问题的研究成为翻译界一个永恒的话题。

生态翻译学研究的是译者与翻译生态环境的关系问题。对译者而言，他/她是一个独立主体，翻译活动自始至终必须通过译者主体意识和主导作用才能完成。译者处于不同语言和不同文化间各种力量交互作用的交互点上，既是翻译过程的主体，又是译事得以进行的基石。生态翻译学认为，译者是翻译过程中一切“矛盾”的总和。“译者中心”的翻译理念把活生生的、感性的、富有创造性的译者推向译论的前台，使翻译理论建立在真实的、具体的译者基础之上。

“译者为中心”翻译理念的提出，有助于使翻译学中译者研究的“研究半径”得到延伸并使其理论层次有所提升，同时对译者的自重、自律及自身素质的提高也有促进作用。

这种取向于译者并以译者为终极关照的翻译理论，其优越性日益彰显，从而使译者中心、译者主导、译者主体等方面的专题研究不断拓展。

最后，对于翻译的本质与使命的阐述必须纳入对翻译定义的描述中。这样做有利于纠正目前国内翻译界一味沉醉于追求所谓“合格的译文”的风气，而忘记了翻译的本质是什么、翻译的使命是什么。中国人一千多年前就提出了一个简明扼要、至今仍不失其现实意义的翻译定义，即“译即易，谓换易言语使相解也”，它凸显了翻译的本质与使命。2012 年国际翻译家联盟推出当年国际翻译日的庆祝主题“翻译即跨文化交际”，与这个古老的中国的翻译定义可谓遥相呼应，再次强调了翻译的本质及使命，其中的深意值得人们深思。

今天，我们在重新思考翻译的定位与定义时，一定要把翻译的本质及使命（目标和功能）纳入翻译的定义中。只有这样，才有可能获得一个全面、完整的翻译定义。

第二章　翻译的相关因素

翻译是两种语言转换的过程。翻译过程中处理好逻辑、语法与修辞之间的关系是保证质量的关键。这三者的关系体现着内容（信）、形式（达）与色彩（美）之间的关系。“信”是对思想内容而言，要求尽可能完全地传达原文的真实内容；“达”是就语言形式而言，要求译文的语言合乎逻辑、通顺流畅；“美”是对各种色彩（包括修辞色彩、文化色彩）以及文体风格而言，要求保持原文固有的美，而不是译者强加上去的美。

同时，翻译与文化也是密不可分的。翻译，一方面要适当处理原文文化色彩，另一方面又要起到文化交流的作用。

第一节　文化与翻译

一、概述

文化（culture）是人类社会历史实践过程中创造的物质产品和精神产品的总和。物质产品形成物质文化（material culture），包括人类创造并赋予意义的全部制品，或者说是有形物品，如衣服、学校、书本等。精神产品形成精神文化（moral culture），如语言、思想、技术、制度等。

文化的定义，历来争论颇多，据统计，有多达 200 多种。在英语中，culture 这一名词有可数和不可数二重语法和语义性质，这正反映了“文化”概念的二重性，文化可以分成不可数文化和可数文化。不可数文化，即与自然界相对的人类共同文化，如政治、经济、军事、法律、伦理、文艺等，它包括一切人文社会科学的研究对象。可数文化，即与特定群体相联系的各具特点的文化系统及亚文化、文化圈等。只有可数文化才是文化学科所关注的对象。因此，语言与文化的关系研究要探讨的是语言与可数文化的关系。

二、语言与文化

语言是文化的一部分，又是文化的反映。语言忠实地反映了它所属的社会与文化。语言不能脱离文化而存在。语言和文化相互作用，相互影响。

（一）语言，从本质上来说，是文化的一部分

一个民族的语言面貌是由该民族的文化所决定的，它是民族文化的一种表现形式。民族文化的价值、观点、准则、习俗等都在民族语言之中烙下深深的印迹。因此，人们可以从民族语言中去寻求民族文化的印迹，揭示其中积淀的文化。

（二）语言是文化中的一个特殊部分

文化主要通过语言来记录和反映，语言因此成为一套记录文化的符号系统。换句话说，语言是文化的载体。文化的传播、学习、交流、保存和继承乃至文化传统的形成都要依赖语言，这就使文化不可避免地要受到语言的制约和限制。

（三）语言和文化紧密地交织在一起

语言既是整个文化的产物或结果，又是形成并沟通文化其他成分的媒介。一个社会的语言是该社会文化的一个方面，语言和文化是部分与整体的关系。语言作为文化的组成部分，其特殊性表现在："它是学习文化的主要工具，人在学习和运用语言的过程中获得整个文化。"任何语言都是用以表达文化的，其背后都潜藏着文化。不同的语言要素反映着不同的文化属性，蕴含着不同民族文化心理和不同的文化世界。

所以，我们说，语言既是文化的一部分，又是文化的反映，语言不能脱离文化而存在，语言和文化相互作用，相互影响，语言是学习文化的工具。

三、英语、汉语中相同的表达方式

英语和汉语之间存在着很多相同的表达方式。虽然英语和汉语各有自己的文化背景，但由于人类的生活方式、思维方式和思想感情基本上是相通的，

因此，不同民族的人们观察事物以及表达思想感情的方式也有很多相似之处，甚至有些是不约而同的巧合，在英语和汉语中可以找出很多这样的例子。

例 1：add spice to（or：spice up）

添油加醋

例 2：（read）between the lines

（读书要注意）字里行间

正是因为英语、汉语的表现方式有共同之处，对于某些共同的经历，使用者就会不谋而合地使用某种共同的形象词语，而且在语言的形式和内容（主要是使用的形象、色彩以及含义、联想）上大体相当。

例 3：Strike while the iron is hot.

趁热打铁。

这是从手工打铁的体会想到的。

例 4：Wall shave ears.

隔墙有耳。

生活中耳朵总是和“听”联系在一起，那么言及秘密的时候总是怕墙外有耳朵在“听”。

当然，英语、汉语这种对应的说法在整体中只是极个别的巧合，可以说是“可遇而不可求”。如果遇到这种情况，一般都可以互译，保留原文文化色彩。

四、英汉文化差异在语言上的反映

英语和汉语分别属于两大不同的语系。英语国家的文化背景与汉语国家的文化背景有很多不同之处，英语反映英语国家（主要是英国和美国）的文化现实，汉语反映汉语国家（主要是中国）的文化现实，所以，英语、汉语在各自的语言系统中鲜明地反映着自身文化的特点。

（一）词汇层上的文化差异

由于英、汉两种语言属于两种截然不同的文化，其各自的深厚的文化内涵，在语言上的烙印使得两种语言很少有绝对对应的词汇。大部分词汇不是在概念意义就是在文化意义上表现出极大的文化差异。

在邓炎昌、刘润清合著的《语言与文化——英汉语言文化对比》[1]一书中，有一个比较典型的例子，很能说明问题。这就是英语中“peasant”和汉语中“农民”之间的差异。

汉语中“农民”是取其基本意义，无褒贬含义；而 peasant 一词在英语中含有贬义。查一下词典就清楚了。

既然 peasant 有这种含义，美国人和英国人自然会发出疑问：在中国这样一个强调平等的国家里，为什么把广大农村居民称为社会地位低下、没有教养的人呢？为什么称他们是“无赖和流氓”呢？

谈到“peasant”这个词，我们再比较下面的例子。

英语：The poor peasants talked about their happy life today.

汉语：贫农谈到他们现在的幸福生活。

英语使用者看到这句话会感到纳闷，既然是 poor peasant（贫农），怎么还会有幸福生活呢？poor 就是“缺钱、缺物、无奢侈品”。他们根本不理解汉语中贫农（poor peasant）和富农（rich peasant）这些词汇的特别意义。

汉语使用者见到这样的句子很容易理解，他们知道“贫农”在特定历史时期含有正面的、积极的含义。

有时，英汉两种语言中，一种语言里有些词在另一种语言里没有对应词。

例如：英语中的 cowboy，hot dog，overkill，hippy，beddo 等在汉语文化中不存在对应词。英语的 cowboy 与美国早期开发西部地区有关，关于他们的传说总带有浓厚的浪漫主义和传奇色彩。汉语中的“牛仔、牧童”反映不出这些文化意义。

一些反映汉语文化独特风俗习惯、特有事物的词，在英语中也找不到对应词，如天干、地支、楷书、赤脚医生等。事实上，由于社会、信仰、传统、生活方式等的差异，作为客观事物反映的概念意义会在不同语言中有不同的表现方式。

英汉两种语言在词汇层上还有一种差异是表现在“文化意义”上的。文化意义指附加在词项的概念意义上的意义，包括内涵意义、风格意义、情感

① 邓炎昌，刘润清．语言与文化——英汉语言文化对比［M］．北京：外语教学与研究出版社，1989.

意义、联想意义等与民族文化因素有关的意义。在概念意义相同的情况下，英汉词汇的文化差异主要表现在如下几点。

1. 英语词汇有某种文化意义，而汉语对应词无特定文化意义

如“propaganda”一词在英语文化里常有“撒谎、欺骗”等文化含义，汉语中“宣传”则无此义。“spiritual civilization”有强烈的宗教意味，而“精神文明”则不含此义。

2. 汉语词汇中有某些文化意义，而英语对应词无特定文化含义

例如，汉语中“松树”一词在中国文化中象征“长寿”“气节、骨气”，而英语中“pine”一词则不含此义。

3. 英汉对应词各有不同的文化意义

如，英语中“do-gooder”是个贬义词，意为“空想的社会改革家”，汉语“干好事的人”是褒义的。汉语“平均主义的”含贬义（吃大锅饭的），而英语“equalitarian”（平均主义的）具有明显的褒义（平等主义的）。

（二）语法层上的文化差异

由于受自身文化背景的影响，不同语言使用者往往从不同的角度来表达同一思想内容，形成矛盾的思维方式。这种表达角度的不同反映在语法层面上的主要有如下几点。

1. 肯定与否定：

例 1：I am enough of a German to give them to go-by.

我是德国人，我可不理睬他们。

例 2：Some friend you are.You won't lend me as shilling.

你真不够朋友。连一先令都不肯借。

2. 单数与复数：

例 1：Want to know just what control everyone at this table has.

我想试试在座诸位到底有多大克制力。

例 2：Different men often see the same subject sin different lights.

不同的人往往以不同眼光看同一问题。

3. 大与小：

例：The large elephant stood beside the small mouse, showcasing the stark contrast in size between the two.

大象站在小老鼠旁边，展示了两者之间尺寸的鲜明对比。

4. 里与外：

例：Robinson stepped into the cave and saw eyes glaring out of the darkness.

鲁滨孙进到洞里，看见一对眼睛在黑暗中闪闪发光。

5. 前与后：

例 1：But we are getting ahead of the story.

不过我说到故事后头去了。

例 2：After you.

请先走（或：请走在前面）。

6. 静与动：

例 1：The whole city is in holiday array.

全城披上节日盛装。

例 2：The magistrates sat six days a week at the court.

该法庭的法官一星期开庭 6 天。

例 3：This is an article that carries conviction.

这是一篇有说服力的文章。

例 4：National Day fall Friday this year.

今年国庆节是星期五。

（三）语用层上的文化差异

语用意义具有很强的文化特异性。这是因为虽然我们所面对的世界同大于异，但是我们如何看待这个世界，如何表达自己的思想、感情，如何与人交往，却有着相当大的选择余地。

不同的文化有不同的社会习俗和惯例，这是文化差异的一个重要侧面。它们对语言运用的影响是显而易见的。例如打招呼和告别，在汉语和英语中大不一样。

英语里打招呼的方式有：

① How do you do？您好！（初次见面时用语）

② How are you？您好！（常用语）

③ Hello！或 Hi！喂！你好！

Good morning!Good afternoon!Good evening! 早上好！下午好！晚上好！（都相当于汉语的“您好”，只是使用的时间和场合不同而已。）

汉语里打招呼的方式有：

① 您好！

② “吃了吗？”

③ “上哪儿去？”（熟人，朋友间用语）或“到哪儿去啦？”

英语道别的方式有：

① Good-bye!Bye-bye! 再见！

② Good night! 晚安！

③ See you later!（明天见！）再见！

汉语道别的方式有：

① 再见！

② 慢走！请走好！慢点骑（自行车）等。

以上都是主人送客人时说的。客人会对主人说：请留步！

通过以上比较，我们发现英汉两种语言的人在打招呼和道别上有相同的地方，如“How are you！”和“您好！”“Goodbye！”和“再见！”当然也有不相同的地方，这就是文化差异在语言运用上的反映。

在英语国家，许多人见面习惯用名字称呼别人（John，Tom，Smith），不仅年龄相近的人之间如此，年龄悬殊的人之间也是如此，社会地位不同的人之间也经常如此。这样做，双方并不觉得不尊重对方。这与中国的习惯完全相反。中国学生见到老师必须称“老师”或“某老师”，这种称呼带有汉文化色彩，译成英语就是个问题：是直接称 Teacher 还是 Teacher... 呢？这两种称呼都不符合英语习惯。

另外，在中国，称呼别人时，习惯于称此人担任的职务，在前面加上姓，如“张校长、王科长、刘经理、李局长”之类。如果没职务的话，可以称“某师傅”或在姓的前面加上“老”或“小”来进行称呼，这种称呼也是具有中国文化特色的。使用英语的人很少使用这种称呼，而是直接称 Mr... 即可。英语中仅有少数职业和职务可以用于称呼，如医生或博士可称 Doctor；法官可称 Judge；教授可称 Professor；州长和市长可称 Governor 和 Mayor，但往往只称 Governor 或 Mayor 即可，不必带姓名。

英汉两种语言在祝贺、赞扬、道谢、道歉、请人帮忙等方面的运用上也有很大的差异，请看下面的例子。

例：Your English is excellent.Really quite fluent.

对于这样一句称赞的话语，英语使用者的回答很简单：

Thanks.

而中国人则会说：

No，no. My English is quite poor.

不，不，我的英语说得很不好。

这是文化差异所造成的。一般来讲，英美人士听到赞扬，回答时表示接受赞扬，中国人则往往表示受之有愧。

（四）颜色词上的文化差异

英汉两种语言中，都有许多表示颜色的词语。就数量上而言，英汉语中表示颜色的词多寡不一。汉语里除去复合和区分雅俗之别的说法不算，常用“赤橙黄绿青蓝紫”来描绘各种颜色；而英语中有十一种基本色彩表达法：black，white，red，yellow，green，blue，brown，purple，pink，orange，gray. 这仅仅是数量上的差异。

颜色词的产生、丰富、发展和词义演变都与其社会历史和文化背景息息相关。英汉语的色彩词都含有丰富奥妙的文化含义，在不同的文化中产生不同的联想。

red（红色）：在英语国家和中国，红色往往与庆祝活动或喜庆日子有关。英语中有 red-letter day（纪念日，喜庆的日子），在西方一般指圣诞节或其他节日，因为这些日子在日历上是用红色标明的。所以，red-letter 转化引申的含义就是“可纪念的，喜庆的”。这是英汉语中表红色的词相同的一面。

然而，英语中 red 一词还含有危险、赤字、流血等含义，这可能是因为红色是鲜血的颜色，看见鲜血总是不好的象征。如 red light（红灯、危险信号）、red line（危险的警戒线）、a red battle（一场流血的战斗）、get into the red（开始亏损、负债）、a red light district（红灯区）等。

再看看其他色彩词上的不同含义。

英语中用 green-eyed 表示“嫉妒”，汉语却用“眼红、红眼”来表示同一概念；英语中 Yellow Pages 表示“黄色电话查号簿”（分类电话簿），汉语说“黄色书”指色情方面的书籍，意义完全不同；被暴揍了一顿，英语有“be beaten black and blue”，汉语却用“被打得青一块紫一块”表示；英国人喝“black tea”，中国人喝“红茶”，其实是同样的茶，只是用的颜色词不一样罢了；英语用 be in the black 表示“盈利”，汉语却不用颜色词表达；英语用 green，greenback，long green 指“美钞”表示金钱，中国人却说“白花花的银子”来表示金钱，如此种种的差异，不胜枚举。

（五）英汉成语上的文化差异

谈到语言文化内涵不同这个话题，就不得不谈到成语的理解与成语翻译和语言文化特征研究之间的关系。从某种意义上说，成语具有强烈的文化特征、丰富的文化内涵，是语言的核心与精华。成语作为某一社会集团文化历史观念的反映，最集中、最深刻地体现出不同语言文化特征的全貌，能否处理文化差异成为成语翻译成功与否的关键。

英汉语成语上的文化差异最主要表现在比喻和联想这两个方面。所有的语言中都有比喻，比喻使语言生机勃勃，形象鲜明。英汉语中的比喻手段非常丰富，请看下例中的比喻性表达法。

例 1：look for a needle in a haystack

大海捞针

例 2：like a rat in a hole

瓮中之鳖

以上二例，英汉语中的成语的喻体不同，但表达同样的意义。

例 3：with one's tail between one's legs

夹着尾巴

例 4：fish in troubled waters

浑水摸鱼

例 3 和例 4 是英语和汉语设喻相同，喻体和喻义都基本一致的情况。

人们经常把某些品质或特征和某些事物或动物联系起来，这些品质或特征又往往能使人产生某种反应。人们联想到的特征和所引起的情感也往往因民族、文化不同而各异。下面，笔者简略谈谈一些比喻及其在不同文化环境中所引起的联想。

例 5：He's as sly as a fox.

他狡猾得像只狐狸。

此例中的比喻及其引起的联想在英汉两种语言、两种文化中是相同的，但这种情况极少见。

例 6：as timid as hare

胆小如鼠

英美人士心中的兔子是胆小的象征，而中国人认为兔子是敏捷的象征。所以中国人说“静如处子，动如脱兔”。汉语表示胆小时，用“鼠”这一动物形象。这是某些相同动物在英汉两种语言、两种文化中所产生的不同的联想。

在英汉语中，引起不同联系的事物和动物有许多，其主要是文化背景不同所造成的。这种情况大致可以分为两类：第一，有些动物或事物在两种文化中人们都会联想到某种特征，但所联想到的特征不同。第二，在一种文化中提及某些事物或动物往往可以联想到某种特征，而在另一种文化中却联想不到任何特征。译者在翻译时尤其要注意这些不同。

五、词义的文化背景

词义除了有各种附加色彩，如形象色彩、感情色彩、宗教色彩等，还会有其他各种文化背景。这种具有特殊文化背景的词语，具有一定的形象，翻译时不应该以译语形象去替换，否则会使译文与上下文的文化气氛发生冲突。

例 1：meet one's Waterloo 不宜译作“走麦城”，而应译作“遭到惨败”。

例 2：teach one's grandmother to suck eggs 不宜译成汉语的“班门弄斧”，而应译作“多此一举”。

词的文化因素会使不同民族的人们产生不同的语感，例如，由于地理因素，在英语语言环境中，西风是温暖的，这有些像汉语中的东风。

例 3：It's a warm wind, the west wind, full of birds crying.

那是温暖的、万禽争鸣的西风。

而中国人所喜爱的是东风，东风是温暖的，能使草木萌芽，万物生长，仿佛和春风相似。

在中国人心目中，东风总是和春天联系在一起，西风往往是和寒冷、冬天联系在一起的。因此，在翻译时，需考虑文化差异，根据上下文情况加以调整。如例 3 中的西风可以换用“春风”来翻译：那是温暖的、万禽争鸣的春风。

翻译是一种语言转换活动，在这一活动中，译者自然而然地进行着文化转换。文化渗透于语言的各个层面，如语音、词汇、句子、语篇等。在翻译过程中如何传达原文中的文化内容与文化色彩，使译文在各个层面上与原文达到对等，成为译者的一项重要任务。

第二节　逻辑与翻译

一、概述

逻辑（logic）指的是思维规律和规则。思维是人类所特有的。简单地说，动脑筋、想问题就是思维。逻辑思维是人类意识活动的高级形式，是客观事物和现象在人们头脑里间接的、概括的反映；它借助于语言，运用概念、判断、推理等手段来反映事物内部的本质联系及其规律。

人们说话、写文章，无非是要说明某个问题，或者论述某一个观点。说明问题，要尽量说得清楚、准确，首先要思维严密，思想明确。所以我们常会听到这样一些说法：

“某人的文章逻辑性很强。”

“某某的讲话不符合逻辑。”

这就清楚地说明了逻辑在语言运用中起着重要的作用。在语言的运用当中（翻译也是语言运用的活动），语法、修辞和逻辑的关系极为密切，它们往往水乳交融。形式逻辑是研究思维在语言中的表现形式，如果语言形式用错了，就不能如实反映说话人的思想了。

二、逻辑与语言的关系

从历史上看，人类正是在语言的帮助下才逐步发展了自己的逻辑思维。不论人的头脑中会产生什么样的思想，也不论在什么时候产生，它只有在语言材料的基础上，在语言的术语与词句的基础上才能产生和存在。人的思维与语言有着直接的联系，语言的好坏，也就同“合不合逻辑”分不开了。实践证明：语法、修辞、逻辑是决定语言运用的三个密不可分的主要因素，而逻辑又可以反过来检验语言运用的质量。

逻辑是研究思维活动的。思维存在于人们认识过程的理性阶段，思维的具体内容是概念、判断和推理，判断和推理都离不开概念。概念同语言的词语之间有着密切的联系，词语是概念的语言形式，概念是词语的思想内容。这就说明，翻译要做到正确与生动，必须借助于思维的逻辑和语言的逻辑。也就是说，不但思维必须符合逻辑，语言也同样要符合逻辑。

人们运用语言有一个合不合逻辑的问题。人们思考问题、认识事物，总是要运用概念加以判断、进行推理。在思维过程中，如果概念不清，判断失误，推理有错，就会影响思维的效果，就不能正确认识事物，话就说不好，文章就欠通顺。逻辑可以帮助人们正确地运用语言进行表达，获得预期的效果。

三、逻辑与翻译的关系

翻译也是运用语言的活动。翻译要达到准确、通顺与形象再现，就离不开逻辑性。翻译的逻辑性也是合理性，翻译必须合理地运用逻辑思维的形式和方法，使译文达到概念明确、文理通顺、结构严谨的程度，能够起到原文同样的效果、同样的作用。

翻译过程是一个复杂的心理过程。翻译是一种包括思维过程和表达过程的高强度的脑力劳动，它经过对原文的文字理解以及对原文思想内容的理解，用原文语言进行思维，将所理解的内容形成一个概念或意象，并用译文语言进行思维而形成概念或意象，最后用译文语言将这一概念或意象表达出来。

翻译的全过程是一时一刻也离不开逻辑的。

（一）理解原文离不开逻辑

理解原文是一个极其复杂的思维过程。逻辑对于翻译，比其对于写作显得更为重要。这是因为写作时仅仅是思维和表达过程需要运用逻辑。而翻译时不仅在思维和表达过程中，而且在理解原文的过程中都要运用逻辑思维。在理解原文这个极其复杂的过程中，必须运用全部的知识、经验以及智慧对原文进行推理、分析、理解，才能获得原文所表达的含义。理解一个句子必须经过语义辨析、语法分析和逻辑分析三个方面的相互作用。对于与汉语无亲缘关系的英语而言，逻辑分析显得尤其重要。

在文中具体词义也要通过逻辑分析。英语同汉语一样，拥有大量的多义词。在一定的上下文语言环境中，对多义词词义加以确定和理解主要是一种逻辑分析活动。理解词语的意义主要是指确定词语所指的概念。明确多义词在特定的上下文环境中所指的具体概念，主要是通过逻辑分析的方法来进行的。理解词义往往需要运用概念、判断和推理等思维形式和方法。

例 1：

a.Quite a few engineers ran out of the office to the machine.

许多工程师跑出办公室奔向机器。

b.The pilot has run out of his own fuel.

飞行员已将他的燃料耗尽。

本例 a，b 两句都含有 ran out of 这个词组，由于具体的搭配不同，语义上有很大的差别。根据上下文进行逻辑判别，可排除 ran out of 的多义性，确定在具体的句子中所表示的语义。

例 2：

a.We must have a break.

我们必须休息一下。

b.Suddenly the line went limp. “I am going back.” said Smith. “We must have a break somewhere.Wait for me. I'll be back in five minutes.”

电线突然耷拉下来。史密斯说：“我回去看看。一定是某个地方断了线。等一下，我五分钟就回来。”

此例中，第一个 have a break 是取其常用意义；而第二句中，由于受一定的上下文限制，通过逻辑分析我们知道 have a break 表示的是“断了线”之义，所以电线才耷拉下来。

（二）结构分析离不开逻辑

一般来说，语法分析可以帮助我们解决许多对原文语言结构方面进行理解的问题。但是有些问题，仅靠语法分析是不行的，这时必须借助逻辑分析。逻辑分析可以帮助我们弄懂许多靠语法分析不能解决的问题。

例：the man in the arm chair reading a newspaper，此例中的 reading 短语修饰说明 the man，而不是说明 the arm chair。判定这一关系不是根据什么语法标志而仅仅是靠逻辑分析。我们知道能读报纸的只能是人。此外，在对原文进行理解时，确定否定的范围和否定的对象等都离不开逻辑分析。当然，各种关系的理解（如原因、条件、让步等）以及句子结构、名词所有格，以及模糊的状语修饰引起的歧义等都需要通过逻辑分析，才能够得以正确地理解和判别。

（三）准确表达离不开逻辑

经过逻辑分析后，对原文得以正确理解，这时就进入如何用目的语准确表达的阶段。由于英汉两种语言使用者的历史文化背景、传统习惯和思维逻辑不同，反映在语言表达方式上有许多地方差异很大。翻译时译文必须遵从目的语的逻辑表达习惯和顺序，译文读者才能够理解，获得与原文读者同样的感受。

例 1：“You haven't finished your homework, have you？”

The student shook his head and said, “No, I have not.”

这里必须把 shook his head（摇头）译成“点头”，把 No（不对）译成“是的”。英汉两种语言表达方式上的不同是两个民族人们的思维方法上的反映。从上例我们可以看出：英国人在回答问题时，是以事实为根据的，而中国人在回答对方提出的问题时，则是根据自己是否同意对方提出的问题来进行回答，是以问题为根据的。所以译文必须依照汉语的语言逻辑，合乎汉语的表达方式。以上例句可以译成：

“你还没有完成作业，是吗？”

学生点点头说：“是的，还没有。”

这样，译文才符合中国人的习惯和思维方式，符合汉语的表达方式，准确再现原文意义。

例 2：They had barely enough time to catch the train.

原译：他们仅有足够的时间赶上火车。

改译：他们差点儿没赶上火车。

以上原译，由于受到英语表达方式的影响，语言上“洋”化现象严重，在译文表达上不符合目的语的语言逻辑和表达习惯，译文读者就不可能得到与原文读者大致相同的感受。经过改译之后，读起来自然流畅，读者方可接受。

（四）译文检查离不开逻辑

逻辑是检查译者对原文理解是否正确，译文表达是否得当的一个重要手段。我们知道，合乎逻辑不一定就正确，但译文不合乎逻辑却几乎可以肯定在理解方面或表达方面有问题。

例 1：We realized that they must have become unduly frightened by the rising flood, for their house, which had sound foundations, would have stood stoutly even if it had been almost submerged.

原译：我们想他们一定给上涨的洪水吓坏了，因为他们的房子基础坚实，即使快遭水淹没了，也会屹立不倒的。

分析：原译逻辑上有毛病。原译首先提出论断“我们想他们一定给上涨的洪水吓坏了”，按理，后面的论据应该能证明论断的正确性。可是，提出的是相反的论据：我们认为他们没有理由害怕。这样，原译造成由论据推断不出论断的结果，而且犯了论据直接反驳论断的错误，所以，原译中的因果关系存在着逻辑的错误。造成误解的原因在于没有准确理解 unduly（不适当地；过分地）的词义，原文指的是：过分地害怕。这里含有一种主观的评判，而“吓坏了”只是客观地强调受惊吓的程度。

改译：我们认为，他们对上涨的洪水过于担忧，因为他们的房子地基坚固，即使几乎被洪水淹没，也不会倒塌。

此外，在表达方面，还需要检查所选用的词语是否能在一定的上下文中连用，在意义上是否合乎逻辑，从而准确选择词语。

例 2：Our policies are limited.

我们的政策是有局限性的。

句中 limited 一词的基本意义是“有限的”。但是汉语中“政策”这一名词习惯上不与“有限的”这个形容词进行搭配。因此，翻译时只有将 limited 改译为“有局限性的”或“受到限制的”，才符合汉语语义逻辑。

例 3：After all, all living creatures live by feeding on something else, whether it be plant or animal,dead or alive.

原译：因为，毕竟所有活着的生物，不论是植物还是动物，死的还是活的，都靠吃某种别的东西生存。

这里，译文可能只注重了表达上的通顺流畅，而忽略了其逻辑性。“活着的生物”竟然还包括“死的”，后半句中“死的”还要“靠吃某种别的动物生存”，这显然不合逻辑。所以可以肯定在理解原文时有问题。文中 it 究竟指什么呢？根据逻辑分析，it 只能指 something else，而不是像以上译文中那样代指 living creatures。此句可以译成：“所有活着的生物毕竟都是靠吃别的东西而生存的，不管这些东西是植物还是动物，是死的还是活的。”由此可见，英汉两种语言的差异是来自不同民族的思维方式和思维角度，所以解决翻译问题、检查译文质量，就必须以译入语的语言逻辑为准绳。翻译的时候必须养成从逻辑上判断自己的译文是否准确的习惯，一旦发现译文不合乎逻辑，就需要重新思考。

（五）结语

根据以上分析，我们知道，翻译是一种运用语言的活动，整个翻译过程是进行思维的过程。翻译中的语言活动和逻辑思维是不可分割的。并且，翻译不是单纯运用外语思维的过程。在翻译过程中，译者是使用两种语言交替进行的思维：用原文语言进行判断、推理、分析、理解，获得原文的内容，形成一个概念，再用译文语言进行思维，形成概念或意象，最后按照译文语言的逻辑，运用语言的表达方式来表达这一概念或意象。

逻辑作为研究思维的规律、形式和方法的科学，对于英汉翻译具有十分重要的指导作用。逻辑有助于译者合理地分析原文结构，正确地理解原文思想，准确地表达原文内容，真实地再现原文文体风格，严格地检查译文质量，得当地润色译文语言。因此，逻辑必须运用于翻译活动的全过程，逻辑与翻译的关系密不可分。

四、英汉逻辑思维上的差异

文化背景和传统习惯的不同必然会影响到思维方法上的不同；而思维方法上的差异，又总是要体现在语言的表达上。从理解的层次考察，语言是文化的形式、文化的表层结构；文化是语言的内容、语言的深层结构。两种语言文化的差异，归根结底，首先是思维方式上的差异。

英语的句子结构重形合（hypotaxis）汉语的句子，结构多采用意合法（parataxis）。重形合的英语，句子成分主要是由连接词贯通表达逻辑关系，而可以不按时间或逻辑顺序排列，在句子结构上就可以前挂后联，组织十分严密，但词序比较灵活。所以英语的句子，关系分明，结构严谨，词义明确。重意合的汉语，句子成分往往较少用连接词衔接，句子结构依照时间顺序和逻辑顺序排列，词序较固定，而且语法上的主语和逻辑主语一致。所以，汉语主要是靠语序表示逻辑关系，结构较松弛，词序清顺而简练。

由此可见，既然两种语言的差异来自不同民族的思维方式和思维角度，那么解决翻译问题，衡量译文质量，也就必须以目的语的语言逻辑为基本准绳，必须从逻辑上判断译文是否准确，是否合乎习惯、合乎逻辑。

（一）英汉习惯和逻辑思维上的差异

由于英汉两种习惯和逻辑思维上的差异，英汉语有时会从不同的侧面表达同一概念，例如：

Keep dry！谨防潮湿！

Wet paint！油漆未干！

Hunger march. 反饥饿游行。

Did I get your address right？我没有弄错你的地址吧？

Make yourself at home. 请不要客气。

（二）英汉文化传统和逻辑思维上的差异

由于英汉两种文化传统和逻辑思维上的差异，英汉语用不同的顺序来表达内容重点，举例来说，英国人习惯于开门见山，先说明重点，表明态度和观点，然后再叙述事物的原因。而中国人总是喜欢先摆明事情的来龙去脉，然后再表明自己的态度和观点。

例 1：I am glad to meet you.

见到你很高兴。

例 2：Many thanks for the dinner yesterday, which my wife and I enjoy every much.

我和我妻子对昨天的晚宴感到极其愉快，深表谢意。

例 3：I am much delighted to hear you have passed the examination.

听说你已通过考试，（我）非常高兴。

此外，思维习惯不同，反映现实要素的顺序也不一样。

英语的顺序是：

某一主体—主体行为—行为客体—主体行为标志

汉语的顺序是：

某一主体—主体行为标志—主体行为—行为客体

这样在语序方面英汉语间就有很大的不同，具体的差别主要在于状语的位置往往是不相同的。

英语的语序是：

主语—谓语—宾语—状语

汉语的语序是：

主语—状语—谓语—宾语

由于这种思维习惯的不同，反映在句子成分的安排上就有差异。英语句中的主语和谓语，谓语和宾语都是尽量靠近的，状语往往被置于句首或句尾。而汉语句子往往是在主语和谓语之间插入大量的状语修饰语，然后谓语和宾语才出现。

请比较以下例子：

I met him on the way home yesterday afternoon.

我昨天下午在回家的路上碰到了他。

He is studying English diligently at school now.

现在他正在学校勤奋地学习英语。

由于逻辑思维上的差异，英汉语言采用不同的顺序表达新旧信息。

根据新旧信息的逻辑顺序来分析，我们可以看出英语语言习惯把新信息先表达出来，把已知信息放在句尾；而汉语往往是先表达已知信息，最后才点明新信息，遵循“先旧后新，先轻后重”的原则。如下例：

What would you like to have for supper？

晚饭你喜欢吃点什么?

在上例中，新信息分别置于句首（英语）和句尾（汉语）。

五、逻辑分析与正确翻译

从逻辑学的角度看，英汉翻译就是根据英语的语言材料，运用汉语进行第二次思维的活动过程。在翻译中，正确运用逻辑思维形式和方法，对于深刻理解原文，确切表达原文的思想内容，再现原作的修辞效果起着积极作用。但是，常有这样的情况，原文本身没有什么逻辑错误，译成汉语后就发现有不合逻辑的现象。其中最主要的原因就是没有吃透原文的内容，用译文表达时忽视了逻辑分析。

例：The patient had a terrible headache.

病人头痛得很厉害。

我们不能用汉语的“病人有厉害的头痛。”这样的句子来表达以上英语句子。在思维逻辑上这句英语是把“人”放于主述位，而汉语中则需明确“头”为主述位。

在英汉翻译时，应考虑两种语言思维逻辑上的差异这一因素，进行逻辑分析，准确地用汉语思维方式去转达原文的内涵，再现原文风采。

（一）符合客观事实

事实是指客观存在的事物。说话、写文章必须反映客观事实，才能言之成理，合乎逻辑。否则必然文理欠通，令人费解。翻译的宗旨就是再现原作内容，如果原文反映的是客观事物，那么译文必须符合这个事实，避免逻辑不通。

（二）概念表达清楚

概念的表达与词的结合有密切的关系。孤立的一个词，无所谓逻辑不通、概念模糊，但词与词一经结合，构成短语或句子、段落等，就会产生逻辑的通顺与不通的现象。原文的思想内容，是通过原文词语结合起来表示的，这种结合就是概念的语言表现形式。翻译就是把原文词语表达的概念用译文的语言形式准确地再现出来。同一个概念，有时可以用不同的语言形式表达；反之，同一个语言形式，在不同的上下文中也可以表达不同的概念。在翻译过程中，要确切、透彻地理解原文语言形式所表达的概念，然后用合适的词语形式表达出这一概念，要注意避免出现逻辑不通、概念模糊等现象。

概念是翻译中始终要牢牢把握的要素。在翻译时不能够随意改变原文所表达的概念（不能偷换概念），不能无根据地扩大或缩小概念的外延或内涵。

（三）保持逻辑一致

人们在思维过程中应当首尾一致，不能前后矛盾。翻译时，在译文中不能出现前后抵触，也就是人们常说的“不能自圆其说”或“前言不搭后语”的现象，这种现象在逻辑上被称为自相矛盾。翻译时如果对词语所表达的概念理解不透，或是粗心大意，就会出现违反事实、不合情理、前后矛盾、上下脱节、含混不清、不知所云等情况。

例：“You shouldn't be discouraged,” mother said to us.We all shook our heads. 从逻辑上看，此句中的 shook our heads 这个短语，在这个特定的上下文中表示的是同意 mother 所说的话。那么，翻译时就不能译成“摇头”，而只能译为：“你们不必灰心丧气，”母亲对我们说。我们都点头同意。

（四）注意前后呼应

一个句子，甚至一个段落或篇章，有时候孤立地看，似乎翻译得很不错，语法正确，语义清楚。可是一旦联系其上下文语言环境，就可能有问题。所以，在翻译过程中，词语的正确选用，除了需要考虑句子本身所含的意义之外，还需顾及上下文之间的衔接、前后呼应。理解原文必须从整体上进行分析、综合，弄清句子意义的实质，理解是前提，在正确理解的基础上，才能在译文中进行恰当而又准确的表达。当然，用译文表达时，同样要注意考虑整个上下文语言环境。

（五）逻辑层次分明

层次分明，指的是人们在思维过程中，应以客观事物的相互关系为依据，处理好层次关系。英汉语的叙述层次各有自己的特点，所以理解英语时，要注意其表义的层次，弄清楚各层次间的关系。而在翻译时，还需遵循汉语的表达习惯。

一般而言，英语倾向于简练和含蓄的陈述，往往进行跳跃式的推理。汉语则相对倾向于直截了当的陈述，往往进行按部就班的推理。理解英语原文时，就必须注意语言逻辑层次的省略（亦称逻辑缺层）和逻辑并层。

六、翻译中常用的逻辑思维形式

我们知道，逻辑和思维，逻辑和语言之间有着密切的关系。逻辑是研究思维活动的，思维是语言的内容，语言是思维的物质外壳。人们认识客观事物以及用语言来反映客观事物，都必须使自己的认识合乎规律。不合逻辑的话语或文章，必定使人难以理解。就翻译活动而言，语言和思维的关系是一种表里关系，可以说，翻译作为交际活动的工具，人们使用的是一种外部言语，而翻译思维活动的工具则是一种内部言语。语言是人们进行翻译的外部实践活动，思维是人们进行翻译的内部认识活动。思维的基本形式就是概念、判断和推理。

翻译也是一种语言活动。在翻译的过程中，自觉地运用逻辑思维的基本形式，对于正确表达原文的思想内容，再现原文的修辞效果，提高译文质量等，都有十分重要的意义。

翻译活动中常运用以下几种思维形式：

（一）依托语言环境，做出合理判断

正确的思维逻辑建立在正确判断的基础之上。判断是对事物的情况有所肯定或有所否定的思维形式，判断稍有不慎就会出现错误，就不能准确传达原文的内容。

英语中有大量的多义词语，在进行翻译时，有时候难以确定它的确切含义。这时必须根据原文的上下文语言环境，做一番由表及里的思考，运用逻辑思维的基本形式，把词语的概念判明。

例：A business must stay in the black to keep on.

一个企业必须盈利才能维持下去。（in the black 盈利）

（二）根据已知前提，进行逻辑推理

除了正确判断，还必须精确推理。逻辑中的推理是根据已有的判断即前提，推出一个新的判断。我们在翻译中必须运用这一思维形式，对一些直译后会造成概念不明、逻辑不通的词语和句子，根据上下文或其他客观事实这个前提，做一番推理，把原文含义合情合理地表达出来。

例：People do not know the value of heal till they lose it.

此句的含义是“人不到失去健康的时候，不知道健康的宝贵”，而不是“人直到他们失去健康也不知道健康的可贵”。

（三）运用衔接手段，保证语气贯通

贯通就是在判断、推理的基础上，全面领会原文中上下文的含义以及前后的逻辑关系，然后选用恰当的翻译技巧，使译文在整体上衔接自然，融会贯通。无论说话或是写文章，句与句之间，段与段之间都有衔接自然不自然的问题，注重上下衔接，逻辑严密，语气贯通，就能更好地发挥语言的交际作用。英语和汉语一样，上下文之间的衔接，有的靠形联，有的靠意联；有时借助词汇手段，有时靠严密的逻辑顺序。译文中根据译文语言的习惯，按照不同的需要，选用合适的语言手段，把原文表达的思想内容上下紧密地衔接起来。

（四）恰当运用引申，使译文符合逻辑

我们这里所谈的引申，是从逻辑思维方面，为了避免译文中出现逻辑错误，运用逻辑思维手段，对原文所理解的内容，用译文语言加以引申。

例：Put out the light, and then put out her light.

熄灭室内的灯光，然后熄灭她的生命之光。（两个 light 分别为本义与

引申义。）

为了使译文符合逻辑，必须恰当地运用引申的方法。

七、小结

翻译过程是进行思维的过程，也是运用语言的过程，翻译中的思维活动和语言活动是不可分割的。逻辑作为研究思维的规律、形式和方法的科学，对翻译活动具有十分重要的作用，它对理解原文进行指导，对表达原文内容进行推敲和检验。因此，逻辑应运用于翻译的全过程。从逻辑学方面而言，翻译中主要采纳形式逻辑中的概念和判断这两种基本形式和分析、综合方法。此外，语义贯通和合理引申也都是根据概念、判断和推理而进行的。由此可见，在翻译过程中正确运用逻辑思维的基本形式，对于透彻理解原文、确切表达原文思想内容有着十分重要的意义。

第三节　修辞与翻译

任何一个语言表达单位，首先要具有一定的思想内容，其次是有与之不可分割的某种色彩。在翻译过程中，必须弄清楚原文带有什么样的色彩意义，这种色彩意义是用什么样的修辞手段来表达的，以便翻译时在正确表达原文思想内容的基础上，进一步研究如何对等地再现原文色彩和表达效果。翻译的使命在于沟通信息、传情达意，它要求译者在使用译语进行表达、再现时，必须在神、形、韵上尽可能地与原文保持一致。因此，译者下功夫锤炼语言，是保证翻译技巧达到纯熟最重要的环节。

人们通常把修辞分为消极修辞和积极修辞两大类型。在翻译过程中，它们实际上是两个阶段。在消极修辞阶段，炼词是修辞的基本任务，而在积极修辞阶段，炼句则是修辞的基本任务。这二者是相辅相成的，其目的均在传神达意。

一、概述

修辞（rhetoric）一词在中国古籍中出现很早。《左传·襄公二十五年》中说过“言之无文，行而不远。”用现在的话来解释说，言辞如果没有文采，虽能行于一时，但不可能传之久远。由此可见修辞的重要性。

修辞学所研究的是，如何极尽语言文字的可能性来恰当地表达一定的思想内容，也就是在表达过程中的语言运用。这种语言运用具体地体现在一定的语言手段和表达方式上。

（一）修辞的概念

修辞是运用语言的艺术。人们在表达思想的时候，不仅要求通顺，还需要在通顺的基础上，根据题旨、语境，非常准确、鲜明、生动地表达自己的思想感情，使语言的表达具有感染力。修辞就是调整、润饰语言，换句话说，为了更好地表达思想感情，充分发挥语言的交际作用，根据题旨、情境，选择最恰当的语言形式来加强表达效果的语言活动，就是修辞。

修辞就是运用各种形象性手段和表达方法，把话或把文章修饰得更加生动活泼，使语言表达更加准确、鲜明、生动、有力，以加强抒发情感、表达思想的功效。修辞同语法上的各种附加成分的修饰不同，语法的修饰只求对，只求合乎语法的正常规律；而修辞，不仅要求对，更重要的是要求美，以期对听者或读者产生更大的影响力和感染力。

修辞同语言的各要素——语音、词汇、语法都有着十分密切的联系。毫无疑问，语言形式的选择与加工都离不开词语的增删、换改，离不开句子结构形式的变动，离不开对词语的调配与斟酌。修辞必须建立在这些语言要素的基础上，才有“选择”的可能。所以，修辞是对语言各要素进行综合运用的手段。

（二）修辞的原则

调整、修饰语言都是为了符合题旨、情境的要求。题旨、情境是修辞的重要依据。所以，在语言的修辞过程中，必须遵循以下原则：

（1）必须依据表达的内容和目的进行修辞。

（2）必须根据具体的语言环境进行修辞。具体的语言环境指的是上下文、场合、对象等。在书面语言中，一篇文章、作品是一个完整的统一体，所以修辞还应注意语言的前后照应等方面。

（3）必须依据语体特点进行修辞。

（三）修辞的范畴

从修辞的范畴来看，修辞可分为消极修辞与积极修辞两大类型。中国教育家陈望道先生在其《修辞学发凡》[①]一书中也提出过消极修辞和积极修辞问题。实际上，在翻译过程中它们可以被视作两个阶段，消极修辞的目的在于使人“理会”，积极修辞的目的是要使人“感受”。因此，积极修辞讲究有力和动人。

积极修辞又可以分为广义修辞（Broad stylistic context）和狭义修辞（Narrow stylistic context）。狭义修辞具体指各种辞格，广义修辞还扩大到文体、题材等。

（四）修辞与翻译

从修辞学的角度看，翻译就是用译文语言形式对原文语言内容进行对应性艺术转换。这种转换首先应保证正确而忠实地传达原文内容，同时还应调动各种技巧，灵活驾驭译语，再现原文修辞风采，使语言生动有力，具有对等的修辞效果。

二、英汉修辞对比

英汉两种语言在常用的修辞手段上存在着许多相同、相似之处，但又不是一一对应的。由于双方历史发展不同，文化传统和风俗习惯相异，甚至思维方式、美学观念也有许多差别，往往在表达相同概念时，可能会使用大不相同的修辞手段。英汉各有自己的语言系统，语音的音韵节律、词义的引申方式、词语的搭配范围、句式的结构方式诸方面，都有很大的差异。因此，即使是一些性质相同的修辞手段，在形式和运用范围上也都会有所不同。这是英汉翻译过程中应当注意的一个问题。

---

① 陈望道 . 修辞学发凡［M］. 上海：上海教育出版社，1997.

（一）英汉相似修辞手段

英语中多数修辞格与汉语修辞格相同或相似，因而在翻译时，可以套用，但有时由于比喻形象不同，翻译时又不能过于机械，应加以变动。

（二）英语特有的修辞手段

英语中有些特有的修辞手段是比较难译的，如何翻译英语中的修辞手段，特别是英语中特有的修辞手段，是翻译中的一个重要课题。翻译要忠实地表达原文的思想、精神和风格，因而原文中的修辞手段，有的可套用，有的不可套用。下面探讨如何翻译英语中难译的修辞方式，这往往需要译者根据汉语习惯，用汉语中另一种修辞方式或其他方法翻译出来，做到既不失原意，又尽量不削弱原文的表现力和感染力。英语中比较难译的修辞手段主要有以下几种：

（1）Alliteration（头韵法）

英语的头韵译成汉语，很难保持原修辞格的形似，除去个别的可以做到形神皆似，绝大多数只能用汉语中别的修辞格来弥补译文上的不足。

例 1：He described the claim in alliterative fashion as a composite of fantasy, fallacy and fiction.

他用押头韵的方法把这种要求描绘成虚幻、虚妄和虚构的混合物。（头韵）

例 2：He is all fire and fight.

他怒气冲冲，来势汹汹。（用对偶译出）

多数较短小的头韵词组，翻译时可不考虑用什么修辞格译出，只要译出含义即可。

（2）Oxymoron（矛盾修饰法）

例 1：Malone called my conviction a "victorious defeat".

马伦把审判的结果称为一个“表面上的败仗，实际上的胜仗”。

例 2：Changelessly changing.

既始终如一，又变化多端。（不译为：不变化的变化。）

汉语中的矛盾修饰法也偶尔使用，如电视剧《武则天》中的歌词里有一个短语是“冰冷的烈火”；又如，1995 年 7 月 25 日《今晚报》第二版上，在《姜文新印象》一文中，有“悲观的乐观主义者”一词。

（3）Litotes（语轻意重法）

常常有一个否定词放在某个词的前面，来表示强烈的肯定。

例：I am not quite too late, I see.

我看，我来得还不算太晚。

（4）Zeugma（轭式搭配法）

轭式搭配法格式是用一个动词或介词支配两个名词，一个形容词修饰两个名词，或者两个名词主语合用一个动词，而这两个名词在意义上往往毫不相干，或者第二个名词与动词或形容词不能构成自然搭配，仿佛用轭把一对牲口套在一起拉车似的，称为轭式搭配。这种修辞格在英语中广泛运用，因为它可使语言诙谐，具有讽刺和感染力。翻译时，可直译或用别的修饰格，或用其他方法译出。

例 1：We ate a bun and a glass of milk.

我们吃了个小甜圆面包，喝了杯牛奶。（加词分译）

例 2：She opened the door and her heart to the homeless boy.

她对这个无家可归的孩子打开了自己的大门，也敞开了自己的心扉。（重复、排比）（汉语其他修辞格翻译）

英汉语中的修辞格还有很多，这里列举的仅是其中最为常用的一些修辞方法。

三、翻译中原文修辞方式的处理

翻译过程中处理修辞手段的主要原则，是再现原文的修辞效果，而不只是追求修辞形式上对等。当然，在保持原文修辞效果的前提下，能找到与之对等的修辞方式进行翻译，那是最好不过的。这种翻译的好处是语言生动活泼，又可保存原作的“情调”和“风姿”，但实践中往往很难。因此，很多情况下必须改换修辞或改变表达方式，利用汉语的优势，采用意译、活译等。

（一）直译法

由于英汉两种语言在修辞手法上有许多相似情况，在翻译中应当尽可能采用直译的方法，即在用词和结构以及修辞方式上都采用与原文对等的手段，做到形神皆似。

例：to spend money like water

花钱如流水（比喻）

（二）变通法

翻译时，汉语中若找不到对等的表达手段或相应的形象，则应根据上下文，做适当的变通，或改变表达方式，或改变形象，在译文语言中寻找恰当的修辞方式来进行翻译，以求获得最佳修辞效果。

例 1：Six of one and half a dozen of the other.

半斤八两。（转换译语形象，英语用“打”表示，汉语用“斤、两”表示。）

例 2：He is as strong as a horse.

他强壮如牛。（转换译语形象，英语用“马”表示健壮，汉语用“牛”表示这一概念。）

（三）解释法

英语中某些形象词语、词组或某些修辞手法译成汉语时，不易找到对等的表达方式，直译又显得生硬，译文读者不易理解和接受。这种情况下，可以采用解释性翻译。

例：And the Music of the Pearl drifted to a whisper and dispeared.

珍珠之歌随波荡漾，余音袅袅。终于完全溶进了滚滚波涛。

译文充分领悟原文精神，增加了一些适当的词语作为解释，这样就把原文的感情、意境充分表达出来了，从而保存了原作的神韵。

（四）意译法

在翻译过程中，原文采用了某种修辞方式，而汉语又不便采用某种修辞方式来翻译，这时根据译语的表达习惯，可以舍去原文修辞色彩，而将其所指意义表达出来。

例 1：The wind whistled through the trees.

风呼啸着穿过了树林。

此例中原文采用的是“拟人”的修辞方式。如将“whistled”译成“吹着口哨”，读者会感到生硬别扭，不会得到美的感受。

例 2：The year 1871 witnessed the heroic uprising of the Paris Commune.

1871 年爆发了英勇的巴黎公社起义。

英语中采用了拟人手法表示 1871 年目睹了巴黎公社起义，但汉语不习惯采用拟人法来描写年代等，同样汉语也不用年代作为主语，因此不用修辞格，采用意译。

四、译文语言的修辞方式

翻译的任务，一是理解，二是表达。译文中的表达问题与修辞密不可分，因为二者都是探讨运用语言的技巧。下面仅就几个主要方面谈谈译文中的修辞问题。

（一）精心选择词语

为了使译文流畅易懂，要注意词义的选择和引申。这里主要从修辞的角度出发，讨论在翻译中如何正确有效地使用词语，使译文语言表达得生动活泼，再现原文修辞效果。同义词的选用是其中最重要的内容。

例 1：Every life has its roses and thorns.

每个人的生活，都有苦有甜。

例 2：“Several weeks, anyhow,” he observed, looking steadily into her eyes.

“总要待几个星期吧，”他直勾勾地望着她的眼睛说。

（二）灵活安排句式

灵活安排句式也是修辞的重要内容。从不同的角度看，汉语有多种多样的句式：有长句和短句、主动句和被动句、肯定句和否定句、顺装句和倒装句、无主句和独语句等。修辞讲求的是不同句式的运用所产生的修辞效果，翻译中，句式安排首要任务是句式的选择如何既与原文的体式基本适应，又符合汉语的修辞习惯。

英汉翻译中灵活安排句式的原则，是在基本适应原文体式的前提下，根据具体的上下文语言环境调整译文的句子形式，以适应汉语表达的需要。

（1）译文句子力求长短相隔，以中、短句为最好，长句宜在恰当处断开。

（2）译文句子力求少用被动句式。

（3）译文句子力求层次简明，语义清晰。

（4）译文句子力求气势连贯，行文流畅。

（三）恰当运用成语

译文中恰当运用成语可加强语言表达效果。汉语成语，言简意赅，是一种语言修辞手段。成语的修辞作用在于能根据原文的要求传神达意，能使译文增添风采。

例 1：He was still gloomy and disheartened.

他还是愁眉不展，心灰意懒。

例 2：Great oaks little acrons grow.

积土成山，积水成渊。

（四）巧用修辞方式

原文若运用了某些修辞方式，而汉语中却没有与其相对应的表达法，若直译又会歪曲原文的意思，或者不符合汉语习惯；还有个别英语修辞方式在汉语中根本找不到相对应的语言形式，如果意译又嫌平淡，失去原文的生动性和语言表现力。这时，就有必要考虑能不能换用另外的汉语修辞格，以准确表达原文的思想，并保持一定的语言感染力，这就是巧用修辞方式。

例 1：painful pleasure

悲喜交集（英语，矛盾修辞法；汉语，四字成语）

例 2：He is all fire and fight.

他怒气冲冲，来势汹汹。

英语使用的是押头韵，汉语采用对偶句进行翻译。对偶与排比是汉语的一大特色，在运用这一技巧方面，译者常有驾轻就熟之感。如英语的 weeping eyes and hearts 可译为：“一双双流泪的眼睛，一颗颗流泪的心灵。”

五、翻译应重视修辞问题

修辞问题是翻译中的词汇和语法问题的深入和发展，是在二者的基础上进一步探讨感情色彩与修辞效果的再现问题。翻译时，第一步需要正确理解原文的修辞方式，把握其修辞效果，然后考虑用恰当的手段在译文中表达出对应的修辞效果，使语言鲜明、生动、富有感染力。至于究竟采用何种方法，除了考虑文字的基本含义，还需从上下文语言环境上整体考虑。

正确处理修辞问题，调动各种修辞手段，目的在于使语言的描述更加生动形象、语义更加鲜明突出、结构更加匀称流畅、音韵更加优美悦耳，从而加强表现力和感染力，更加深入地阐明事件的意义或刻画人物的性格。有时可以引起读者或听者丰富的联想，发人深思，或者使其感到出乎意料，又在情理之中，引人入胜。因此，翻译中既要正确表现原文的修辞方式，又必须注意译文的修辞方式的恰当运用，只有这样才能准确地表达原文的内容、精神和风格，再现原文的风姿。

此外，修辞行为始终受到文化意识的制约，在跨文化的言语交际中尤其如此。只有在符合文化规范的前提下进行有意识的修辞，才能准确有效地传递信息，并能达到满意的修辞效果。翻译过程中只有注重修辞问题，才能获得高质量的译文。

第四节　风格与翻译

一、概述

风格一词是多义的，就翻译而言，要保持原文的语言特色就是要追求风格上的对应，也就是要对原作的语言艺术负责。

语言风格是语言形式与语言内容相统一的体现，具有形与神（形态与神韵）的两重性。翻译时，译者、译文的风格是表现作者、原文的风格，它们既有共性又有个性。翻译必须做到传神达意，体现风格。翻译水平越高，作者的风格就越传真，译者的风格就越传神。

风格与形式有联系又相互区别。风格属于言语的范畴，形式属于语言的范畴。英汉两种语言的差异决定了形式相等近乎不可能，但这并不等于说译作的言语风格不能近似于原作的言语风格。既然风格属于言语的范畴，风格的变换依赖于对语言形式的选择，具体地说是对语音、词汇、句法、修辞手段和篇章结构的选择。所以说，风格的体现既依附于语言常规，又偏离语言常规。

依照翻译理论，再现原作风格应该是也必须是译者的追求。由于不同语言之间存在着许多层面上的差异，要想完整地传达原作的风格，特别是文字上的，确实有许多障碍，但译文要尽可能接近原作风格，尽量反映原作的艺术个性。对于这一点，译界在理论上已达成共识，每个译者在主观上都应朝这个方向努力。要尽可能再现原作风格，识别、感悟原作风格是前提。

当然，在翻译中，原作的思想内容并不取决于译者，而取决于作者。所以译者可取的基本形式也受到原作很大的限制。译者不可能不顾原作的思想内容和语言形式，随意创造“风格”。这是翻译所面临的客观上的局限性。

综上所述，风格是可以转译的，但有难度，译文风格应尽可能与原文风格保持一致。

二、正确理解原文，忠实传达风格

所谓艺术风格，简单地说，就是某一位作家的创作手法、行文习惯。“风格”二字，有时被解释得神乎其神，似乎是什么虚无缥缈的东西，不可触摸。然而虚无也好，实在也罢，作家的风格无非是表现在词语的选择和句式的调动之上。实际上，真正再现原作风格并非易事。译者所能做到的只能是译文尽可能地接近于原作的神韵，如此而已。

首先，翻译的目标不能仅仅满足于形似，必须再上一层楼，力争达到神似。这就要求译者在正确理解原文意义、把握原文神韵的基础上，能够充分尊重译入语的习惯，最大限度地忠实地传达原作风格。

值得一谈的另一点是形象的翻译。形象的翻译，也叫比喻的翻译。一般来说，在翻译比喻时应尽量保留原文的形象，保存原作的特色。然而，在某些情况下，由于英汉文化的差异，一味保留原文的形象，忽视两种文化的冲突，其结果往往适得其反。这时，译者应根据译入语的习惯做相应的变通。

在翻译中，必须在正确理解原文风格的基础上来传达译文的风格。这就要求，译文在内容上必须保持与原文完全一致的前提下，在形式上尽可能与原文相似。因为只有保证正确理解原文内容，最大限度地保证原文语言形式（如句法结构，修辞方式等），才能最大限度地再现原作的风格。只有做到对原文语句的正确理解，对原文语句意义的正确表达，对原文句子精神的正确模仿，才有可能获得符合原作思想特色、语言特色、艺术特色的译文，才能忠实传达原作的风格。这些译文读起来很自然，体现了原文的语言风格和神韵。

如：Hurst wood was surprised at the persistence of this individual, whose bets came with a sangfroid which, if a bluff, was excellent art.

赫斯特伍德对这个家伙的咬住不放大为吃惊，他不动声色地连连下注，倘使是“偷鸡”的话，真是极其高明的手法。

赫斯特伍德因失业贫穷到赌场上碰运气。译者善于捕捉意蕴，锤字炼词，紧扣赌场这一语境。例如 persistence 一词，译为“咬住不放”，sangfroid 不译成“镇定、沉着”，而译成“不动声色地”，选词十分精巧，形象地传译出赌徒之间你争我夺、激烈角逐的心理状态，并且也将原文含有的赌场上所特有的紧张气氛再现出来。而 bluff 一词本义为“欺骗”，此处译成赌场行话“偷鸡”，可谓把赌场这一语境译活了。译文中这些精心挑选的词汇再现了原文的风格。

三、力争形神皆似，追求风格对等

在翻译时，应尽可能地做到译文与原文形神皆似，再现原文艺术风格。

例：A thousand mustaches can live together, but not four breasts.

译文 A：一千个男人可以住在一起，两个女人却不行。

译文 B：千条汉子能共处，两个婆娘难相容。（《翻译通讯》）

翻译不仅要求意义对等，而且要求风格上也对等。例子中的英语是谚语形式，译文 A 仅仅译出了意思，没译出其风格。译文 B 注意到意义和风格上的统一，采用了汉语谚语和成语经常采用的修辞方式“反对”（对偶的一种），准确地译出了意义，再现了原文风格。

风格对等指翻译时仅仅在意义上与原文意义相同是不够的，还要尽量保持原文的神韵和风格。不同的作者有不同的风格，有时，同一作者在不同的作品中，使用不同的风格；在同一作品中，不同人物说话用词不同，句法结构不同，风格不同。这些不同的文体和风格，在原文中就体现得非常明显。翻译时，一定要运用各种翻译技巧以及修辞方式，使用适合的文体，尽量保持原作风格、意境。

四、作者风格与译者风格

翻译还需正确处理作者风格与译者风格并存的问题。译者的任务是表现作者的风格，其艺术风格应是作者艺术风格的化身，但又应该有自己进行再创造的艺术风格的烙印。因为，作者有写作风格，译者也有翻译风格。为了最大限度地再现原作者的风格，作者风格与译者风格必须（也可以）统一起来。译者可以运用语言手段，使译文风格最后统一到作者风格上来。作者的风格应通过译者的风格来表现，而译者的风格又应以作者的风格为依据。

举例来说，海明威被认为是“最有影响的现代美国风格作家之一”，他的影响中很重要的一个方面是海明威的个人风格。所谓“海明威风格”，具有许多内在气质。就语言而言，简练含蓄，他经常用十分流畅的谈话体式的美国英语写作，并常用俚语、俗语等。海明威的文笔简洁凝练、表达准确、直截了当。表面上看似单纯，细而究之则内涵深邃，这就是他著名的“冰山理论”的最好体现。海明威很少使用华丽的辞藻，尽量不用形容词，句子短小，结构简单。海明威的风格还表现在非凡的人物对话上，这种对话，并非人们日常言谈的简单记录，而是经过加工琢磨，给人以非常真实，又超过真实的感觉。翻译海明威的作品就必须把握他写作的风格，译文应该适应海明威的个人风格，译文中的语言应符合海明威的语言风格。当然，在翻译奥斯汀的作品时，又必须再现奥斯汀的个人风格、语言风格和艺术风格。

所以，为了在翻译中把握和体现原文作者风格，第一，译者应该了解作者风格，这一点可以通过了解作家的生平、创作道路、创作方法、时代背景等来实现。第二，译者应该把握作者的语言风格。作者在作品中通过语言来体现他的风格，这就形成了作者的语言风格。其中包括用词倾向、语句特点、修辞方式、语句顺序、句子情态、句式、段落、章节以及整体结构安排等。第三，要做到“文随其体，体随其人”。也就是说译者一定要注意调整自己以适应原文的风格特点，让自己归顺于、同化于作者的艺术风格。

其实，翻译的风格是由原著的风格或作者本人的风格所决定的。正如世界上找不出两片完全相同的叶子，不同作家的风格也是千差万别的。因此翻译时，该雅的不可以俗，该俗的不可以雅。原文幽默，译文也该幽默；原文沉闷，译文绝不可畅快。用王佐良先生的话就是“一切照原作，雅俗如之，深浅如之，口气如之，文体如之”。要想实现上述目的，最重要的还是一个“信”字。

例 1：“Pays as he speaks, my dear child—through the nose.”

译文 A：“报酬正如他说话，我亲爱的孩子——是从鼻子里。”（注：“从鼻里报酬”是一句成语，是肯出大价钱的意思。）

译文 B：“他花钱也跟他说话一样，他是说大话，也使大钱的。”

让我们比较以上两个译文。译文 A 逐字翻译，表面上与原文的风格相符，其效果则实在令人难以恭维。如果原文中的一切成语都按这种方法来翻译，不但累了译者，也累了读者，得不偿失，这样的翻译不如不译。译文 B 则极好地照顾了两种语言的行文习惯，既传达了原文的真正含义，又保留了原文的修辞手法，可谓一举两得，是翻译中不可多得的佳品。

例 2：I would add, that to me she seems to be throwing herself away.

译文 A：那我就得再添上一句，我看，她这是把自己这朵鲜花插在牛粪上。

译文 B：我要加上一句，我觉得她似乎是自暴自弃。

史朵夫觉得，尽管汉姆这个人有很多优点，然而让天仙般的美人爱弥嫁给这样一个人，简直太便宜他了。那么 throwing herself away 的意思就不言自明了。译文 B“自暴自弃”，与原文距离甚远，不着边际。而译文 A“我看，她这是把自己这朵鲜花插在牛粪上”不但达意，而且传神。

例 3：Now the morning was late May, the sky was high and clear and the wind blew warm on Robert Jordan's shoulder.

译文 A：现在是五月下旬的早晨，天高云淡，和暖的风吹拂着罗伯特·乔丹的肩膀。

译文 B：这是五月底的一个早晨，天高气爽，和风吹拂在罗伯特·乔丹的肩上，暖洋洋的。

这里描写的是五月的早晨，天高云淡，暖风轻吹。译文 A 节奏明快，通顺流畅，译文 B 中把 warm 单独抽出另译，效果极佳。这不是死板的翻译，而是典型地再创造了，译文 B 较好地保持了原作的风格。

五、关于译文中的洋味

翻译是文化交流的重要手段，文化交流是翻译的目的。翻译的职能之一是介绍外域的人文事物，译者所面对的现实是整个外域文化。洋味和异国情调总是通过语言媒介体现出来的。因此，译文中完全不流露洋味是不可能的，也是不必要的。只要译文中的洋味和异国情调在相当的程度上可以被译文读者理解和接受，还是可以保留的。

译文要想做到最大限度地再现原文的风格，就必须寓“洋味”于译文读者所能接受的或喜闻乐见的语言形式之中。例如“潘多拉的匣子”译自 Pandora's Box，“特洛伊木马”译自 the Trojan horse，“橄榄枝”译自 an olive branch。这些由英语译过来的形象性词语，具有浓厚的洋味和异国情调，而且已被中国人完全接受并经常运用于汉语的写作和谈话中。

洋味和异国情调是体现原作风格的重要因素，是外国文学作品中流露出来的独特的格调。在翻译过程中尽量保持洋味和异国情调，这也是保存和再现原文风格的一种手段。当然，保持一种洋味和异国情调并不意味着原封不动地照搬原文中的语言形式和一些比喻形象、表达方法、修辞手段等，而是保持那些译语读者能够理解和接受的，最能体现外国风俗和土味的语言特色和描写手法，使译文既体现原作的风貌，又不流露生硬牵强的痕迹。

值得注意的是，汉语中的许多成语是我国特有的，如“八仙过海，各显神通”“班门弄斧”“三个臭皮匠，顶个诸葛亮”“说曹操，曹操到”等，都是不应该在外国文学作品的译文中套用的。这些成语具有浓厚的中国文化色彩，若直接套用在译文中，则显得不伦不类，失去了原文的民族特色。所以，英语的“Two heads are better than one.”在译文中不能译成“三个臭皮匠，顶个诸葛亮”，而最好译成“人多智广”。这样，就能避免文中具有浓烈中国文化色彩的语言形式的出现，不会损害原作风格。

第三章　影响翻译质量的因素

第一节　译者的知识储备

翻译工作非常复杂，其难度外行有时难以体会。有人说，翻译是“宇宙演变过程中最复杂的事情”。虽然夸张了点，倒也不无道理。事实表明，即使是精通外语，甚至外语水平达到了母语水平的人，做不了翻译的也大有人在。这是因为翻译虽然是一项语言活动，但对译者的要求却绝不仅限于语言。翻译活动牵涉人类生活的方方面面，内容纷繁复杂，无所不包，译者为完成翻译任务，接触的人也形形色色。没有广博的知识，仅仅知道基本的外语语法，掌握一些词汇，绝对不可能成为一名合格的译者。

为了看懂原文，并把原文的内容以读者愿意接受的方式表达出来，译者需要掌握多方面的知识。举例来说，文学译者需要有坚实的文学基础，科技译者需要有一定的科技知识，法律译者需要懂得基本的法律常识，经贸译者对于经济贸易不能一无所知，等等。

除此之外，译者还需要对翻译所涉及的两种语言文化有足够的了解，否则仍然会在理解或是表达阶段遇到难以克服的困难。以上说的还只是笔译，在口译中，译者还需要掌握速记等方面的知识。为了使自己的译文或口译令读者或用户满意，译者还需要对读者和用户有所了解，最好懂一点心理学知识。

早在 1951 年，中国语言学家吕叔湘在《翻译工作与“杂学”》一文中就提出，译者除了“获得足够的词汇和文法知识”，了解一些“熟语”外，还需要懂得一些杂学。他把“杂学”定义为：“我要讲的是了解原文的第三道关，是字典不能帮忙的那些个东西，上至天文下至地理，人情风俗，俚语方言，历史上的事件，小说里的人物，五花八门，无以名之，名之曰‘杂学’。”[①]

① 吕叔湘 . 吕叔湘自选集［M］. 上海：上海教育出版社，2019.

也就是说，除了语言知识外，译者需要掌握的知识非常多。

后来，又有其他许多学者对译者需要掌握的知识做过分析。比如，王宗炎就认为“翻译工作可比作一座三层楼”①。其中，第一层是语言知识，第二层是背景知识，第三层是翻译理论知识。孙致礼教授在《新编英汉翻译教程》中也提出，“译者要有广阔的知识面”，认为“译者的知识结构应该是越博越好”②。

实际教学中，越来越多的学者也意识到，学生翻译能力的养成和提高绝对不是单纯一门翻译课可以完成的，也不是仅仅通过翻译练习或技巧的讲授就可以做得到的。因此，许多高校都为外语专业的学生开设了许多相关的课程，除了原本就有的文学课，还开设了法律、经贸等方面的课程。针对翻译专业或是翻译院系的学生，有的学校还开设了新闻翻译、商业翻译等多种应用性的翻译课程，其目的就是要使学生熟悉多个领域的语言特点，同时了解这些领域的一些基本知识。我们把这些知识统称为“知识储备”，因为这些知识只是成为合格译者的前提条件。要把这些知识转化为翻译能力，译者还需要经过长期地练习和摸索。

“知识储备”这个概念和以往学者经常使用的“译者修养”和“译者素质”略有区别。“修养”不仅指知识，更重要的还包括人的思想认识水平，“译者修养”与“翻译道德”重叠；“素质”主要指的也是人的思想修养，“译者素质”同样也与“翻译道德”重叠。这个概念与“知识结构”也有所不同。“知识结构”是静态的，指的是译者所具备的知识中各种知识的构成比例，而“知识储备”则是一个相对动态的概念，指的是译者为提高翻译能力，对所需知识的不断积累。译者和其他所有专业人员一样，除了要具备良好的职业道德，还需要终身学习。

一、语言知识

译者的语言知识，是指译者对与翻译相关的两种或两种以上语言的了解以及运用这些语言的能力。语言知识包括语音、词汇、语法、惯用法等多个

① 王宗炎 . 语言学和语言的应用 [M] . 上海：上海外语教育出版社，2013.

② 孙致礼 . 新编英汉翻译教程 [M] . 上海：上海外语教育出版社，2003.

方面。对于这些知识，有些译者只需略微了解即可，比如一些不标准的发音或是方言，遇到能够理解即可；有些则需要译者非常熟悉，直至可以熟练运用，比如语法和某些惯用法，否则不仅理解出现差错，译出的译文也会不符合译入语的习惯，令读者或使用者难以理解。从这一点来看，语言知识和通常所说的语言能力有所不同。狭义的语言能力是指可以熟练使用语言的能力，范围没有语言知识宽泛。

译者的语言知识分为外语和母语两个方面。对于中国的译者来说，主要是外语和汉语的知识。

（一）外语知识

通常来说，译者只需懂一门外语即可，因为外译汉时，原文多数只是由一种外语写成；汉译外，一般也只要求一位译者翻译成一种外语。至于口译，发言人混用多种语言的情况几乎没有，一位口译者也不可能同时把一种语言翻译成别的多种语言。但有的时候，译者如果只懂一门外语，却很难完成翻译任务。

这种情况在文学翻译中比较常见。由于许多文学作品中都使用了多种语言成分，译者只懂一门外语就很难理解原文。以英译汉为例，许多英语文学作品，特别是现代主义和后殖民文学作品中，存在一些非英语的成分。在有些作品中，这些成分还不局限于个别词句，而是大段大段地出现在作品中。翻译这样的作品，光靠查字典是解决不了问题的，因为字典只能告诉我们单个词的意思是什么，整句话的意思还是需要具备相关语言的知识才能破解出来。因此，高水平的文学译者，除了熟练掌握英语之外，最好还能了解其他一门或多门西方语言，如法语或拉丁语，这样翻译时就不用到处求人。

在科技、经贸等应用性的翻译中，也有类似的情况。科技英语的用词一般比较正式，其中许多来自拉丁语和法语，有时干脆直接使用这两种语言的单词或短语。译者如果对这两种语言略有了解，翻译时就可以省去许多麻烦。实在不懂的话，英译汉时查一下专门的字典，多数时候也可以解决问题。但如果原文中的法语词或拉丁语词不是原形，发生了格和数的变化，不懂这两种语言，连字典也没法查。

汉译英时，由于科技文献讲究固定的格式和用词，有时也需要使用拉丁语词汇或法语词汇，译者要是不懂这两种语言的话，不请教专家，不可能使译文符合英语科技文献的规范。依靠查字典是根本不现实的。目前国内的科技词典虽然很多，但大部分都是外汉词典，汉外词典很少。即使有这样的词典，译者从中可以查到需要的法语和拉丁语词汇，但不懂这两种语言，不知道如何使用这些词，还是无法在译文中使用。

经贸英语文献中，也经常使用一些拉丁语、法语及德语的词汇。虽然有学者认为，这些词汇“词义较单一，通常不是经贸英语翻译的难点所在”，但和科技翻译一样，如果原文中的非英语词汇不是以原形出现，仍然会对译者造成很大的困难，译者更不可能在汉译英的译文中使用这些词。在科技口译或经贸口译中，由于译者无法在翻译时查字典或是请教专家，其他西方语言知识的重要性更为明显，往往可以使译者免于尴尬。当然，人的精力有限，要求所有的译者都掌握多门外语是不现实的。但有可能的话，多了解几门外语，哪怕只是知道一点皮毛，对翻译工作也是有好处的。

至于译者主要依靠的那门外语，则必须达到很高的水平。不仅要通晓该语言的语法，还需要掌握足够多的词汇和短语，包括一定数量的习惯用语。对口译者来说，还需要熟悉该语言的语音语调，能够听懂该语言的不同方音。

就英汉翻译来说，从事笔译，英语至少要达到非专业六级水平，最好能达到专业八级以上水平。低于这个水平，理解和表达能力都达不到要求，英译汉或汉译英都做不好。从事口译，特别是职业口译，则最好是英语专业本科毕业。就国内目前的英语教学水平来看，非英语专业毕业生的听力和口语水平都不高，能够充当口译者的凤毛麟角。具体来说，职业译者要想适应翻译产业化市场的需要，其英语知识至少需要达到以下程度：

1. 对语法非常敏感，能够厘清复杂句子的语法结构，从而理解句子的意思。语法尽管比较复杂，但语法规则的数量毕竟有限，常见的语法现象只有那么多，许多人看了语法书或是上了语法课之后，觉得自己对英语语法已经非常了解了，因此对语法不太在意，转而花很多时间去记单词。殊不知，了解语法规则并不等于可以辨明复杂的语法现象，更不意味着可以写出符合语法的英语句子来。

英语学习者必须通过大量的阅读、写作和翻译练习，才能逐渐提高对语法的敏感度，使自己不被复杂的语法现象所迷惑，写出符合语法规范的英语。许多译者忽视了这一点，误以为只要词汇量足够大，做起翻译来，外语方面就不会出什么问题，最多查一查字典也就行了。实际上，许多译文的问题就出在语法上。词汇不懂的可以查字典，语法不懂或是不敏感的，字典就帮不上忙了。就英译汉来说，对语法不够敏感，经常会导致对原文理解错误。

2. 词汇量足够大，对词义的掌握准确，不仅知道常用的意义，还要了解其他意义。词汇量太小，英译汉时，生词太多，需要经常停下来查字典，翻译的效率必然很低；汉译英时，该用的词不会，译文表达肯定词汇贫乏。即使查阅汉英词典，由于不知道词的用法，译文用词仍然可能不准确，或是不自然。

3. 熟悉足够多的固定短语和习语。英语中的固定短语数量众多，使用广泛，其含义有时从字面根本看不出来。这些短语的构成和含义大多没有规律可循，因而在翻译中往往成为译者的陷阱。译者了解的固定短语太少，从事汉译英问题不是很大，通常只是译文中大词、生僻词过多，用词单调呆板，缺乏灵活性，但不至于影响读者的理解；从事英译汉则往往会造成可笑的理解错误，译者对固定短语不了解，很有可能望文生义，造成理解错误。

习语指的是长期流传下来的固定表达法，有的是短语，有的则是句子，主要包括谚语等。和短语相似，有些习语的含义从字面上推断不出来，有些还包含了典故，需要具备相应的文化知识，才能准确破解其意义。就英译汉来说，多了解一些习语，可以避免理解错误，准确领会原文的语言特色；就汉译英来说，多了解一些习语并在译文中适当运用，则可以使译文更加地道，使英美国家的人读起来更亲切，增加译文的可接受度。需要提醒的是，英语正式语体中使用的习语并不多，有一部分习语已经成为陈词滥调（cliche），不宜多用，因此，译者在英译文中使用习语需要谨慎。

4. 了解一些非标准语，包括方言和俚语等。英语中虽然非常讲究语言的社会标志（social marker）作用，非标准语通常不登大雅之堂，在正式文体和社交场合用得较少，但这绝不意味着译者可以对非标准语一无所知。多了解一些非标准语，不仅对英译汉有帮助，还可以提高汉译英的质量。

众所周知，英语文学中历来有使用方言的传统，从英国文学家杰弗雷·乔叟开始，英语文学界涌现出了许多使用方言的高手，如萧伯纳、哈代、马克·吐温和斯坦贝克等。方言成了一些文学名著中不可或缺的组成部分，有着非常高的艺术价值。汉语译者如果对英语方言一点都不懂，不了解英语方言与标准语的关系，以及方言在文学作品中的艺术功能，就有可能理解不了原文，或是即使理解了，也不知道采用何种翻译策略。

俚语也经常在英语文学作品中出现，同样有着独特的艺术价值。译者需要具备一定的俚语知识，才能正确理解并翻译俚语。汉语文学作品中，同样也经常使用一些方言和俚语，翻译成英语时，译者如果在译文中适当用一些英语的方言或俚语，有时可以为译文增色。在应用翻译中，了解英语的方言和俚语，同样很有好处。比如，做军事翻译，译者就必须懂一些英语俚语，因为军事英语的一个显著特色就是广泛使用俚语。电影电视中方言俚语也很多，从事影视翻译也需要对英语方言和俚语有所了解。

口译中，对方言俚语的了解尤为重要。比如说，有些外宾带有口音，译者没有一定的方言知识，可能就听不懂。在一些非正式场合，外宾或许还会用一些方言词汇，或是俚语的表达法，译者没有非标准语知识，同样完不成翻译任务。

不懂非标准语，闹出翻译笑话的情况很常见。前些年，美国歌手杰克逊的一首歌在国内广为流行。这首歌的英文标题是“beat it”，绝大多数磁带或光盘都译成了“打它”或“击它”，与歌曲内容脱节。其实，“beat it”是美国俚语，意思为“滚开”，翻译成“滚蛋”更符合歌曲的内容。

（二）汉语知识

译者的汉语知识往往被人们忽视。很多人想当然地以为，对于中国人来说，汉语是母语，理解和表达都不会有什么问题，只要外语过关了，自然就可以从事翻译。实际上，正如有的学者所言，外语和汉语可以比作译者的“两条腿”，缺了哪一条，都走不成路。可以想象，汉语不过关，英译汉时表达必然会有困难，译文中的汉语肯定会受原语很大的干扰，译文不可能做到流畅可读，更不可能文采斐然；汉译英时，则会有理解困难，无法把原文的意思准确地传达到译文中去。当然，汉语是译者的母语，译者的汉语水平肯定比英语水平高，汉语知识也比英语知识全面，实践中因为汉语水平欠佳导致的问题，比因为英语水平不足导致的问题少得多。不过，就翻译界的现状来看，译者还是应该掌握以下几方面的汉语知识：

1. 准确把握词义，对词的理解，特别是对常用词的理解不能似是而非，否则汉译英时就会出现理解错误，英译汉时则会出现表达不当，或是令人费解的情况。

误解汉语原文的情况在翻译教学和考试中最为常见。有学者就发现，在英语专业八级考试的汉译英测试中，“部分学生对‘寒暄’‘破天荒’‘干脆’等词语会产生错误的理解”，竟然把“寒暄”翻译为“coldly talk for a while”。[①] 对于文雅一些的词，理解错误就更多了。第十二届“韩素音青年翻译奖”汉译英原文选了冰心的散文《霞》，多数译者都没有准确理解原文中“闲居”一词的含义，错误地译为“lived an idle life”等。其实，《辞源》中对“闲居”一词有现成的解释，该解释在上下文也非常合适，对应的英语应该是“live a tired（或 secluded）life”。

2. 适当了解一些文言文，具备一定的文言文阅读能力。这一点对从事汉译英的译者来说尤其重要。现在通常不提倡把英语原文译作文言文，因此，从事英译汉的译者，文言文功底差一些，问题一般不大。当然，如果到我国香港、澳门从事翻译工作的话，即使主要做英译汉，也需要有一定的文言文基础，因为在我国香港、澳门地区，财经翻译常常把英语原文译为“近文言文”体，译者没有文言文基础，很难胜任。

汉译英时，由于有些汉语原文中夹杂有文言成分，或是全部用文言文写成，译者文言文水平不过关，就无法理解原文，译文中必然有许多误译。翻译古汉语文献如此，翻译有些当代汉语文献也是如此。比如，目前中国的各种宣传材料，特别是各旅游景点的宣传材料，为了追求文采，往往使用许多文言文的句式和词汇，文白混杂，而且文言文部分所写的内容通常还是作者的精心之作。翻译这样的材料，译者没有一定的文言文功底，根本无法知道原文说什么，准确传达原文内容也就无从谈起了。完全略去文言文成分不翻译，有时又会遗漏原文的精华。周领顺把这些文言文成分称作“壮辞”，并认为“在汉语言中，壮辞的使用俯拾皆是，普遍被认为是美文的主要表现手

① 周领顺等 . 中美同题英语作文［M］. 郑州：河南人民出版社，2003.

段之一”[①]。可以想象，翻译这样的材料，译者无疑也要具备一定的文言文功底。

还有一些特殊的应用翻译，如中医翻译，由于原文中文言文较多，也对译者的文言文水平有较高的要求。文学作品中更是经常用文言文成分，文学译者因而也更需要具备扎实的文言文功底，对文言文的掌握和了解一定要过硬。

3. 对汉语的新发展要敏感，了解新词新用法，包括网络语言和青少年中间流传的一些时髦语言。自白话文运动以来，现代汉语的发展变化很快。许多以前被认为不符合规范的用法，现在已成了规范的说法。比如，“如果”引导的条件句以前认为只能放在主句之前，放在主句之后不符合规范，现在用的人多了，许多人认可了，慢慢也就成了规范的说法。

汉语在每个时期还会产生许多新词，有的来自方言，有的来自外语，有的完全是新造的词，还有的是旧词新用，包括科技术语转变为普通词语。这些词有的因为用的人少，很快就被人们忘记了，有的则用得越来越广泛，成了常用词，比如20世纪90年代流行的“下海”，近几年常用的“拷贝”“井喷”等。了解这些新词新用法，在汉译英时有助于译者准确地理解原文，在英译汉时则可以增加译者的表达方式，使译文语言更加丰富。

实际上，翻译界对新词语一直很关注，许多学者都专门撰文讨论过新词的翻译问题，《中国翻译》杂志也不定期地介绍汉语新词的英语或法语译法。网络语言和青少年流行语主要在青少年之间使用，因为不符合汉语规范，有人认为是对汉语的污染，破坏了汉语的纯洁性。职业译者对这两种语言却不能盲目抵制。对这两种语言，译者可以不主动使用，但不能不了解。作为汉语中的两种社会方言，网络语言和青少年语言有时也会进入文学作品，或是一些针对青少年的读物中。汉译英时，译者如果不懂这两种语言，有些文学作品和读物就无法翻译。英译汉时，如果主要针对青少年，译者适当采用可以使译文更加活泼有趣，贴近读者。

此外，译者还应该对英汉两种语言的差别有所了解。无论是英译汉，还是汉译英，有些译文出现过多不符合规范的语句，其原因就在于译者未能摆脱原语的干扰。对英汉语差别的了解，有助于译者克服这些干扰。比如，如

① 周领顺等．中美同题英语作文［M］．郑州：河南人民出版社，2003.

果译者知道英语句长和汉语句长的差别，在英译汉时，就可以有意识地控制译文句子的长度，尽可能把原文的长句拆解开来，在不违背原文风格的前提下，加以重组；汉译英时，也可以把汉语的短句加以整合，以免译文中的英文句子过短、过散，不符合英语的行文规范。目前，英汉语比较研究已成了一门热门的学问，相关著作很多，许多高校还开设了相关的课程，为译者了解这方面的知识提供了很大的便利。

二、文化知识

译者的文化知识是指译者对翻译活动所牵涉文化的了解和掌握。现在人们已经普遍意识到，翻译说到底是一种跨文化的交际行为。作为这种行为的实际执行者，译者当然要对这种行为所牵涉的两种文化有非常深入的了解。

传统上，翻译理论界有关翻译与文化的讨论，大多以文学翻译为例，让人感觉似乎只有文学翻译才需要考虑文化的因素，其实不然，在非文学翻译中，同样有文化的力量在起作用。这是因为语言作为文化的载体，本身就是文化的一部分。即便是狭义上的文化因素，也会出现在非文学的文本，或是口头言谈中。比如，一些科技文献，特别是科普作品，写得非常活泼，经常也会提到一些文化典故、名人名言等。因此，尽管翻译产业化之后，翻译行为越来越商业化，非文学翻译成了翻译业务的主体，翻译工作的文化色彩好像越来越淡，译者仍然需要做一名“文化人”，不仅要精通汉语和外语，还要通晓中国文化和外国文化。

（一）文化因素在翻译中的作用

翻译界最早有关文化与翻译关系的讨论，主要集中于包含文化内容的词汇，也就是所谓的文化专有项（culture specific item）的处理上，探讨的是文化在翻译策略选择中的作用。后来随着宏观翻译理论的兴起，学者开始注意到文化对于整个翻译过程，包括选材、策略选择和译本流传的作用，认识到在整个翻译过程中，文化的作用是无处不在的。不过，就译者来说，文化的作用主要体现在原文选择、原文理解和译文表达三个阶段。文化在译文流传中的作用，主要通过读者或是评论者体现出来，与译者关系不大。

在原文选择阶段，文化的作用在于译者在决定是否接受一项翻译业务时，必须考虑到该业务的内容是否符合译入语文化的要求，与该文化的主流价值观有无冲突。

在原文理解阶段，文化的作用体现为：译者对源语文化的了解直接决定了他对原文的理解。如果他对源语文化比较熟悉，就可以准确地理解原文；反之，就有可能产生理解困难，导致翻译错误。

在译文表达阶段，文化的作用表现为：译者对译入语文化的了解，决定了具体翻译方法的选择。译文对原文内容的增删取舍，对原文中文化专有项的删除、保留、修改或加注，完全取决于译者对译入语文化的了解。译者如果觉得原文中的有些内容与译入语文化完全冲突，就极有可能将这些内容删除，或加以改动，使之符合译入语文化的要求。

对于那些与译入语文化没有冲突的文化专有项，译者虽然一般不会删除，但是否改动、如何改动，也需要根据自己对译入语文化的了解才能决定。如果译者预估读者可以理解译文并接受这些文化专有项，就会采取异化的策略，原样保留。如果译文预估读者接受有困难，则有可能采取三种策略：一是异化，但加注释说明，帮助读者理解。二是归化，用意思相近的中国文化专有项加以替代。三是解释，不保留也不替换文化专有项，而是用一般语言将其意思解释出来。

（二）文化知识的内容

“文化”是个非常复杂的概念，据统计，有关文化的定义已达200多个。在翻译界，许多人接受美国翻译理论家奈达（Eugene Nida）的文化分类法，把文化分为五类，分别为生态文化、物质文化、社会文化、宗教文化和语言文化。下面以英汉翻译为例，结合这五大类文化，对当前职业译者应掌握的文化知识做一个大致的介绍。

就生态文化来说，译者应对英语国家的地理、气候、动植物等有比较深入的了解。有了这方面的知识，译者对英语原文中有关自然现象的描述，或是一些事件的发展进程就会有比较准确的理解。比如，英国文学中经常会有对荒野的描写，如果译者熟悉英国地理，对这些描写的理解就会比较准确，也能够领会这些描写所传达的情调和人物心情。再比如，经贸翻译中，英语原文往往会交代公司地址和重大商务活动的地点，译者的英语国家地理知识，对于理解这样的原文也会有很大的帮助。

更重要的是，生态文化已渗透到英语语言和文学中，没有这方面的文化知识，不了解中国文化与英语文化在这方面的差别，翻译时就容易出错。比如，由于英国是海洋国家，英语中很多谚语都与海洋或航海有关，而中国在古代是个大陆国家，汉语中与海洋有关的谚语比较少，因此译者翻译谚语的时候，应该注意到这方面的差别。再如，由于中英气候不同，有关气候的词汇在文学作品中所表达的含义也有所不同。有许多学者都注意到，拜伦诗中的“west wind”和莎士比亚十四行诗中的“summer”，与中国文学中的“西风”和“夏日”有着很大差别，直接翻译成汉语，有时候就会造成读者的误解。

就物质文化来说，译者应该对英语国家的建筑、服饰、日常生活用品等有所了解。这一类文化包罗万象，在各种文献或口头谈话中都有可能出现，译者如果不了解，就会影响翻译的质量和效率。通常来说，译者没有在英语国家生活的经历，很难对这方面的知识有全面的了解。但即使在英语国家生活过，对于这些国家历史上的物质文化，仍然有了解不够深入的可能。

因此，译者平时应多读、多看一些这方面的书，或是音像资料。一些文学译著也是学习这方面知识的绝好读本。文学译著通常会有许多注释，其中就包含许多有关原文物质文化方面的注释。比如，据统计，张谷若译《还乡》《德伯家的苔丝》《大卫·科波菲尔》《无名的裘德》《弃儿汤姆·琼斯史》五部小说中，共有3259条注释，其中就有不少关于当时英国建筑的，如在《无名的裘德》中，就有关于哥特式建筑的注释。

随着网络的普及，译者又多了一些学习英语国家物质文化的渠道。多年前笔者在翻译美国小说*Pale Saint*（《苍白圣人》）时，不理解原文中出现的“Pullman Kitchen”，通过网上查询，得知这是当前美国流行的一种紧凑的小厨房，于是直接译为“普尔曼式厨房”，并加注释说明。

就社会文化来说，译者应对英语国家的政治经济状况、风土人情、重大事件、名人名言、文学常识等有所了解。译者有了这方面的知识，英译汉时对英语原文中描述的事件、该事件的背景、原文中的人物就会有更深刻的理解；汉译英时就会注意译文内容是否符合英语国家的风俗习惯。

笔者不久前翻译一篇美国作家的散文，文中提到有个人的性格非常像“Larry King”，原作者没有对“Larry King”做任何解释。不过，由于笔者经常收看CNN(美国有线电视新闻网),非常喜欢该台的Larry King Live节目,因此对于原作者使用这个比喻的意图一下子就理解了。

在翻译时，原文中经常出现20世纪的一些美国名人，有些是笔者所了解的，理解和翻译相关语句和段落都不成问题，有些则是笔者从未听说过的，在翻译时费了不少周折，如原文第三章有这么一句“I saw *Lawrence of Arabia* and fell in love with Peter O'Toole.” Lawrence of Arabia是英国有名的电影《阿拉伯的劳伦斯》，这是笔者知道的，可能是同名的书或电影什么的，也可以猜到。可谁是Peter O'Toole呢？女主人公为什么这么说？笔者就不清楚了。

后来查阅相关资料才知道，此人是英国演员，在电影《阿拉伯的劳伦斯》中扮演劳伦斯，并因此出名。至此，笔者才真正理解这句话，将其翻译成“我看了《阿拉伯的劳伦斯》，就爱上了彼特·奥图奥”，然后补充脚注加以说明。

18世纪英国作家史蒂文森写了一部著名的小说，题为*The Strange Case of Dr.Jekyll and Mr.Hyde*（通行的汉译名为《化身博士》），小说中主人公的名字叫Mr.Hyde，当他变成恶人时，则叫作Dr.Jekyll。译者了解这一典故，将原句翻译为“当我注视着满口责骂的海德先生时，我确信他身上有杰基尔博士的一面，但我很难发现他”，并加注对“杰基尔博士”做了说明。

至于语言文化，译者主要需要了解一些英语习语、各种修辞手法以及各种文体的特点。习语在语言知识一节已做过分析，这里不再讨论。修辞手法在英语中运用得非常广泛，译者如果不了解，不知道这些修辞手法与汉语修辞手法之间的差异，翻译时就容易出现问题。英语中的一些语音修辞，如头韵（alliteration）、半谐音（assonance）等，许多译者在翻译时就注意不到，体会不到原作者的良苦用心，造成失误。翻译界有一个经常提到的笑话，国内生产的“白象”牌电池，翻译成英语，竟成了“white elephant”，严重影响了出口销路。译者不知道“white elephant”在英语中是个习语，意思是“昂贵而又无用之物”。

在文体方面，就当前的情况来看，职业译者尤其需要了解各种英语应用文的格式和规范。应用文的翻译在翻译市场上占有可观的份额，而且翻译价格也较高。但由于国内的英语教学几乎不讲解应用文的阅读和写作，多数译者对英语应用文不甚了解，翻译时屡屡出错。此外，译者还要跟踪了解各种文体的新变化，了解最新的规范。比如，以前翻译界普遍认为，科技英语被动语态使用得多，将科技文献译成英语时，应该注意到这一点，少用主动语态。但有学者发现，近年来，科技英语的文体已发生了变化，许多学者都鼓励在科技写作中多用主动语态，科技文献中主动语态的出现频率迅速提高。不知道这种变化，从事科技汉英翻译，译文可能就不符合当前的规范。

对于中国文化方面，就翻译实践中出现的问题来看，当前的译者应具备三类有关中国文化方面的知识：

1. 中国古代文化的知识。

2. 古诗词知识。许多汉语文献，包括一些商业性的宣传材料以及一些领导人与外宾的谈话中，都会引用一些古诗词。当前的译者虽然大多都能背诵或熟悉一些古诗词名篇，但翻译时总会碰到许多自己不熟悉的古诗词，如果理解能力不强，就容易出现错误。这一点口译者尤其需要注意。

3. 了解中国的一些名人、机构和重大事件在英语中的通行译名。缺乏这方面的知识，在英译汉时就会出现理解错误，不知道原文中的专有名词所指是什么，汉译英时采用拼音法翻译，译文让英语读者不能理解。比如，有的译者不知道Mencius是孟子在英语中的译名，在英译汉时将其译作“门修斯”，闹出了笑话。

三、翻译知识

前面所讲的两个方面的知识，只是构成翻译能力的基本要素。要成为一名合格的译者，把掌握的知识转化成翻译能力，还需要掌握一定的翻译技巧，了解一些翻译理论。这些翻译技巧和理论就是翻译知识。

翻译技巧包括三个方面的内容：一是具体的语言转换技巧，如长句拆成短句的技巧等。二是翻译的准备技巧，如口译中做笔记的技巧，包括速记技巧等。三是变译技巧。语言转换的技巧在表达阶段可以起到非常重要的作用。在英汉翻译中，译者理解英语原文有时并没有什么问题，但要把理解的内容用汉语表达出来，却有很大的困难，这时翻译技巧就派上了用场，诸如长句分解、词性转换、省略词句之类的技巧，可以帮助译者把原文转换成通顺可读的汉语。这些技巧在汉译英中同样有效，只不过有时需要反方向运用罢了。比如，在英译汉时需要注意把长句拆解成短句，在汉译英时则需要注意把短句合并成长句。翻译的准备技巧在理解和表达两个阶段都有可能起作用。

口译中，通常译者在做笔记的同时已经听懂了说话人的发言，但等到翻译时，往往会忘记说话人发言的一些内容，可以说理解已经出现了问题，这时笔记可以补全译者的记忆，形成对讲话者发言的完整理解。比如，有时译者做笔记时根本就没有听懂说话人的发言，但做笔记的技巧很高，把发言的内容一字不漏地记了下来，笔记成了理解发言人的根据。表达时，笔记的内容可以帮助译者选择适当的译文。“变译”是对编译、摘译、改译等非常规翻译手法的总称。有时并不要求译者把原文全部内容都翻译出来，而是只要把大意整理出来就行了，这时译者就需要了解一些变译技巧，知道如何提取原文的主要内容，如何把重点内容放在突出位置。

翻译理论的内容比较复杂。有人把翻译技巧当作翻译理论，还有人认为除翻译技巧外，其他理论都是空谈，于翻译实践无益。我们认为，翻译理论应该超越具体的翻译技巧，是对翻译活动和现象一种较为宏观的理论分析与考察，而且这样的分析与考察对实践有着明显的指导作用。

在翻译选材阶段，翻译理论可以指导译者，确定哪些翻译业务可以接受，哪些应该拒绝。选材虽然是职业伦理问题，但如果缺乏翻译理论指导，不知道应该拒绝哪些翻译业务，即便译者有良好的伦理意识，也难免会译一些不符合中国文化要求的东西。

在表达阶段，翻译理论可以指导译者确定合适的翻译的标准，选定对原文取舍的内容，译出读者或使用者可以接受的译文。社会大众对翻译的要求基本上仍然是“信”“达”“雅”，译者如果不了解翻译理论，盲从这一要求，有时候译文反而不理想。比如，广告翻译就要求译者对原文有所取舍，有时甚至需要对主要内容进行重写。过于忠实的译文，可能反而起不到广告的作用。况且，“信”“达”“雅”标准本身就是翻译理论。

翻译理论可以加强译者的职业自豪感，激发译者的工作热情。另外，翻译理论还可以帮助译者说服客户，使对方接受自己的翻译策略。比如，译者在拒绝某项翻译业务，或是建议对原文进行改动时，必然要向客户做出解释。有了翻译理论作为指导，译者的解释就会显得有理有据，更加有说服力。当然，职业译者无须掌握所有的翻译理论，也不必了解太多的前沿理论，但至少应了解当前的翻译标准、翻译与文化的关系这样的基础理论。

四、行业知识

行业知识是指译者为应对翻译行业特有的要求必须具备的、与翻译能力本身无关的知识。翻译作为一个行业古已有之，翻译行业知识一直存在。但翻译产业化之后，我国的翻译行业发生了巨大的变化，翻译行业知识的内涵也有所变化。目前，职业译者应该掌握的行业知识主要包括以下几个方面。

（一）翻译市场知识

译者的翻译业务既然大部分来自市场，自然应该对市场的情况有所了解。首先，译者应了解寻找翻译业务的知识。全职译者应该知道如何到翻译公司去应聘，能够判断在哪些翻译公司更有发展前途。兼职译者则应该知道哪些翻译公司有外包的翻译业务，或是通过什么渠道可以直接联系到翻译客户。其次，译者应随时了解翻译行情，争取自己应得的报酬。兼职译者按件计酬，不了解行情，就很难争取到合适的价钱。全职译者大多数也按件提成，收入与行情的涨落也有直接的联系，如果不了解行情，就无法监督翻译公司按照实际的翻译价格付报酬。最后，译者应了解翻译客户的情况，掌握与客户打交道的技巧。兼职译者有时直接从客户手里接活，需要了解客户的情况，包括客户对翻译的了解、对翻译的要求及愿意支付的价钱等，在与客户接触时要具备一定的技巧，不仅维持老客户，还要能拉到新客户。全职译者有时也代表公司与客户接触，同样也要了解客户的情况。

（二）与翻译相关的法律法规

目前国内还没有专门针对翻译的法律，但有不少法律与翻译密切相关。译者需要了解的主要是以下几方面的法律：

1. 著作权方面的法律

接受翻译业务时，一定要注意原文是否受《著作权法》保护，如果受保护，客户是否取得了原文的翻译权。否则，翻译出来以后，一旦涉及侵权，客户惹上官司，译者也可能被牵连。如果译者自己选定原文，打算翻译后出版，也应先确定原文在不在著作权保护期之内。如果在保护期之内，一定要取得原作者及出版社的授权，否则译出来不一定能出版，出版了也会有法律上的麻烦。有些译者的译文要出版，如果了解一些著作权法方面的知识，在签订翻译合同时就须注意，不接受不合理的条款，维护自己的权益。

2. 消费者权益保障方面的法律

在产业化条件下，翻译是服务，翻译客户就是这种服务的消费者，作为服务提供者的译者和作为消费者的客户之间发生矛盾是很常见的事情。译者如果具有消费者权益保障方面的知识，在提供翻译服务时就会更加规范，发生争执时，也可以利用这方面的知识拒绝对方不合理的要求。

3. 保密方面的法律

保密，对译者来说，是职业伦理和行规，有时也是法律义务。但有些客户对保密要求过严，把秘密的范围定得过宽，译者从原文中摘抄几个不泄露内容的句子作为语料也不允许。这时译者了解一些保密方面的法律知识，就可以据理力争，告诉对方自己摘抄的不属于秘密。

4. 工商税务方面的法律

对于那些准备自己开翻译公司的译者来说，首先应该了解一下开公司的程序，营业过程中如何交税等。不准备开店当老板的译者，也应了解一些这方面的知识。比如，现在各个翻译公司，以及有些翻译客户，在支付翻译报酬时，都会先扣除所得税。译者没有这方面知识，就无从得知所得税是否已扣除。

五、电脑及网络知识

美国翻译理论家彼得·罗宾逊（Peter Robinson）认为“当今所有的翻译都是在电脑的辅助下完成的”[①]，译者在某种程度上已成了“电子人”。这

① 彼得·罗宾逊.认知与第二语言教学［M］.世界图书出版公司北京公司，2007.

种说法虽然略显夸张，但也道出了翻译行业的现状。随着电脑的普及，目前国内仍然依靠纸笔“爬格子”的译者已经很少了。即便是“爬格子”译出的译文，多数情况下仍然需要输入电脑，变成打印文稿，因为翻译客户和出版社往往只接受打印好的译稿，甚至是电子文稿。互联网普及后，网络则成了许多译者接受翻译业务、提交译稿的主要渠道，同时也是许多译者查找资料，请教专家的一个平台。可以毫不夸张地说，没有电脑或网络知识，已无法从事翻译工作。

首先，译者应该掌握一定的电脑操作知识，懂得常用软件的使用方法。文字处理软件是翻译中最常用的软件，目前多数用户要求译文的电子文稿为Word格式，因此译者应该掌握这种软件的使用方法，至少应知道如何使用Word软件。对于Word软件，译者知道常用的功能就可以了，但如果知道一些特殊的功能，在翻译时也能提供不少便利。比如，新版的Word软件有一项翻译功能，使用者很少。虽然这一功能不太理想，但原文中遇到生词，手头又没有字典时，当作字典应急还是可以的。

Word软件的图形插入技术也是译者应该掌握的。这样就可以把原文中的图形通过扫描复制到译文中。其他Office软件，译者最好也能掌握常用的功能。比如，有些客户要求译者提交带有演示文稿的电子稿件，译者不懂如何操作PowerPoint软件，就无法满足客户的要求。还有些客户的原文中有许多统计数据，懂得Excel的操作知识，翻译起来就会非常方便。此外，译者还应该多了解一些汉字的输入法，找到最适合自己的那一种，通过不断练习，提高自己的文字输入速度，这对提高翻译的效率具有非常重要的意义。

其次，译者应该掌握基本的网络知识。网络的普及对译者的工作方式产生了很大的影响。最明显的影响是，许多翻译业务的交接都通过电子邮件来进行。译者如果不懂得如何上网，不会收发电子邮件，翻译业务的交接就无法进行。随着互联网技术的发展，电子邮件的收发技术也在不断进步，译者还应该注意这些技术，提高自己收发电子邮件的效率。比如，现在有些免费电子邮箱提供了邮件群发功能，这对多人合作翻译或是网上讨论非常有帮助，可以一次把邮件发给多人，而不必一次一次地发，浪费时间。再如，以前的免费邮箱无法发送大容量的图片，现在有些是可以的了。

另外，网络上信息齐全，资源丰富，是译者可以信赖的资料库。专业网站、搜索引擎、网上字典、网上语料库、网上讨论组等，都是译者翻译的好帮手。如何登录这些网站，如何检索资料，也是译者应该掌握的知识。

第二节　译者的主体性

一、逻辑准确

有不少从表面上看逻辑不太严密的句子，如“我比全班同学都高”“今年的产量比去年高”。从逻辑上严格地说，全班包括我自己，自己不能比自己高；“产量”与“去年”为不同类词汇，本不应相比较。英译时应采用更符合逻辑的结构：I am taller than the rest of the class.

译者为了符合本国语言的逻辑习惯，不必刻板追求忠实于原文文字。翻译时应注意时间上的准确、数量范围上的准确、推理上的准确以及缺损语义的补充。

（一）时间上的准确

例 1：改革开放以来，我们立的章程并不少，而且是全方位的。

译文 1：Since the reform and opening policy was carried out, we have formulated quite a few statutes, which are all-inclusive.

译文 2：Since we introduced the reform and the open policy, we have drawn up many rules and regulations covering all fields of endeavors.

评析：“（自）改革开放以来”的时间概念比较模糊，可以是自改革开放之初以来，也可以是自改革开放之中以来，当然前者的可能性更大一些。译文 1 忠实于原文，也是模糊的，因为使用 was carried out 没有进一步标明时间。译文 2 的 introduced 则明确表明是改革开放之初，由于译者的主观干预，译文更为准确。此外，笔者认为还可译为：Since the reform and opening started/Since the beginning of the reform and opening.

例 2：今年以来，对外友协有针对性地举办和参加了各种研讨会，组派各类经贸考察团，极大地帮助了地方经济的发展。

译文：Since the beginning of the year, CPAFFC has sponsored and attended various types of symposiums and workshops on relevant subjects for relevant audiences as well as organized various economic and trade study groups to visit foreign countries. These activities have promoted the development of China's local economies.

（二）数量、范围上的准确

例 1：具体的做法，还是要坚持同所有国家都有来往。

译文 1：In our concrete line of action, we should maintain contacts with all countries.

译文 2：Specifically, we should maintain our contacts with all other countries.

评析："所有国家"包括中国自己。"同所有国家有来往"也包含中国与自己有来往，这在逻辑上不太严密。在英译时，译者不必忠实于原文文字，可予以调整。如增补 other 一词，逻辑上就更准确了。

例 2：鼓励外国合营者将可汇出的外汇存入中国银行。

译文：A foreign participant shall be encouraged to deposit in the Bank of China any part of the foreign exchange which he is entitled to remit abroad.

评析：译文中如省去 any part of，成为 deposit in the Bank of China any foreign exchange，可能给人一种误解：the foreign exchange 可指"全部外汇"，即请外国合营者将其全部可汇出的外汇存入中国银行。为了使译文更符合逻辑，应添加 any part of。

例 3：合营者的注册资本如果转让必须经合营各方同意。

译文 1：A transfer of the registered capital belonging to any partner shall be effected with the common consent of the parties to the venture.

译文 2：The transfer of one party's share in the registered capital shall be effected only with the consent of the other parties to the venture.

评析：译文 1 有两处不妥。"合营各方"如译成 the parties，即所有各方，包括拟转让资本的一方，也即自己同意自己，这在逻辑上是不严密的，故应改译成 the other parties。

此外，registered capital belonging to any partner 在逻辑上也是讲不通的，入股后即为大家的共同财产，不再 belong to any partner，股东只能根据入股数目来分享利益。因此，可改译为：registered capital from any partner 或 one party's share in the registered capital。

例 4：我们相信，西部开发战略的实施将使西部地区出现一个新的生态环境，成为吸引外国投资的地方。

译文：We believe that through the implementation of the strategy of developing China's west, the area will assume a new look in terms of ecological environment, thus attracting more foreign investment.

评析：汉语有时不太讲究逻辑的严密性。“西部……成为吸引外国投资的地方”如直译成 attracting foreign investment，容易给读者留下错误的印象：过去西部地区不曾吸引过外资。因此，英译时就不能死抠原文文字，应予以调整。比较合乎逻辑的译法可以是 attract more/a lot of foreign investment。

二、对文化信息丰富的词语的解释性翻译

鉴于汉英两种语言在文化、历史、地理、语言习惯诸方面存在巨大的差异，为了便于外国读者理解，译者常需进行阐释性翻译，其译文在文字上并没有忠实于原文，但却更便于译入语读者理解。“在翻译实践中，不给出社会背景知识会影响翻译效果。”[①] 段连城认为，不管写得多好的中文，如果机械地逐字逐句译成外文，而不在翻译阶段进行必要加工，就不能成为流畅的外文，对外国人不熟悉的政治背景、历史事件、历史人物、地理名词，在翻译时往往要添加一些说明，补充外国人不熟悉的背景知识。[②]

（一）政治术语的解释

汉语中有不少政治术语和涉及一定文化背景知识的固定用语。中国人在阅读这些术语时可调动其背景知识来帮助理解，但外国读者缺乏这种背景知识，所以译文应给予补充说明。

① 段连城．对外传播学初探：汉英合编本［M］．北京：中国建设出版社，1988.

② 段连城．对外传播学初探：汉英合编本［M］．北京：中国建设出版社，1988.

例如，“中华人民共和国成立前/后”如不加解释地译为 before/after liberation，不是所有外国读者都能看懂。译者需要主动介入，做些解释说明，译为：

before / after the founding of the People's Republic of China （in 1949）

before / after the founding of New China （in 1949）

例 1：自改革开放以来

Since the beginning of the reform and opening in 1978

例 2：五讲四美三热爱

“五讲四美三热爱”原来曾译为 five stresses, four beauties and three loves，外国人很可能理解为“……四个美人、三个情人”。因此，译文需要做补充说明：

the movement of “five stresses，four points of beauty and three aspects of love”（stress on decorum, manners, hygiene, discipline and morals; beauty of the mind, language, behavior and environment; love of the motherland, socialism and the Communist Party）

例 3：有些理论家、政治家拿大帽子吓唬人。

译文 1：Some theorists and politicians try to scare the public with political labels.

译文 2：Some theorists and politicians try to intimidate people by pinning political labels on them.

评析：“大帽子”如果直译为“big hat”，会令人莫名其妙，有时候就要译者积极介入来调整译文。译文 1 改译成 political labels（政治标签），更容易理解。译文 2 则通过添加 pinning political on them 来进一步解释，意思也就更清楚了。

例 4：继续开展“扫黄”“打非”斗争。

译文：We should continue to eliminate pornography and other illegal publications.

评析：“打非”如不解释为 eliminate other illegal publications，是难以被理解的。

例 5：1997 年国内生产总值达到 74772 亿元。

译文：In 1997 China's gross domestic product reached 77477.2 billion Yuan（$903 billion）.

评析：考虑到有些外国人对人民币的价值不甚了解，译者补上了折算成美元之后的金额。

（二）历史文化术语的解释

例如，“秦始皇”如仅译成 Qin Shihuang，几乎没有传递什么信息。翻译时不妨补充一些信息，如 the first Chinese emperor about 200 BC（who unified China）。同样，在译“白居易”时，可添加 a famous Chinese poet of the Tang Dynasty/the 8th century 这样的信息；在译“林则徐”时可译为 Lin Zexu，government official of the Qing Dynasty and key figure in the Opium War.

例 1：端午节那天，人们都要吃粽子。

译文：During the Dragon Boat Festival，which falls on the fifth day of the fifth lunar month's.It is a common practice to eat Zongzi—a rice pudding wrapped up with weed leaves.

评析: 译文对“端午节”“粽子”的解释说明较好地填补了原文的词汇“空白”，很好地传递了文化信息。

例 2：新发掘的秦兵马俑被称为“世界第八大奇迹”；大雁塔、鼓楼是唐代留下来的建筑；您可以到杨贵妃洗澡的华清池去洗温泉澡；作为炎黄子孙，您或许有兴趣去拜谒离西安不远的黄帝陵。

译文：The newly unearthed terra-Cotta soldiers and horses of the Qin Dynasty（221BC-206 BC）, are called the “Eighth Wonder of the World”. Da Yan Ta（The Great Wild Goose Tower）and Gu Lou（the Drum Tower）were built in the Tang Dynasty（618AD-907 AD）.You may also bathe in the warm mineral water of Hua Qingchi Hot Spring, which used to be a private bath for Yang Guifei, the strikingly beautiful concubine of a Tang emperor.If you are of Chinese descent, you may be interested in a visit to the Tomb of Huangdi（the Yellow Emperor）— one of the earliest for fathers of the Chinese nation.

评析：如何译“新发掘的秦兵马俑”？首先，如在翻译“秦”时添加一些背景知识，可便于外国读者理解。可译成“the Qin Dynasty of 221BC-206 BC.”。同样，后面的“杨贵妃”“华清池”“黄帝”都需要添加注解。

例 3：心较比干多一窍，病如西子胜三分。（曹雪芹，《红楼梦》）

译 文：She had more chambers in her heart than the mastered Bi Gan; and suffered a tithe more pain in it than the beautiful Xi Shi.

评析：如果将“比干”“西子”直译，不熟悉中国古代文化的外国读者不能获取任何信息。现译者主动介入，添加了补充性的注释，较好地解决了对文化术语的理解障碍。

例 4：由于慢动作的招式，太极拳常被认为是仅与老人相关的运动。

译文：Because of the slow movements, tai chi chuan, also known as shadow boxing, is frequently associated exclusively with senior citizens.

评析：翻译像“太极拳”这样有中国特色的词语时，为了让不熟悉中国文化的外国人看懂，除了音译 tai chi chuan，最好再解释一下其意思（shadow boxing），增加一下背景知识。

（三）地理名称的解释

例 1：离上海仅有几小时路程的苏州和杭州，是中国园林艺术的代表，被称为“人间天堂”。

译文：The cities of Suzhou and Hangzhou are only a few hours away from Shanghai by train or by car.They represent China's gardening architecture, and are called “Paradises on Earth”.

评析：外国人不一定都对中国的人文地理十分了解。因此，如果把苏州和杭州译成 Suzhou and Hangzhou，不少外国人势必云里雾里。如果改译成 the cities of Suzhou and Hangzhou，便能向外国读者提供适当的背景知识。

例 2：也可以去桂林，沿着漓江顺水而下到阳朔，“桂林山水甲天下，阳朔山水甲桂林”。这个旅游项目不会使你失望。

译文：Alternatively, you may proceed to Guilin, where you can sail down the Lijiang River to Yangshuo. As an old saying goes, “The landscape of Guilin ranks first in the whole country, and that of Yangshuo ranks first in Guilin.” This tourist program will not disappoint anyone.

评析："也可以去桂林，沿着漓江顺水而下到阳朔。"这一句对中国读者来说是很清楚的，因为我们有背景知识：漓江流经桂林。但外国读者有可能认为去桂林和漓江是两个不同的旅游项目。译者使用 where 将前后两句连接起来，解决了这一矛盾：You may proceed to Guilin, where you can sail down the Lijiang River。

例 3：冬季您若怕冷的话，可以到没有酷暑和严冬的"春城"——昆明，那里有引人入胜的石林和滇池，还可到西双版纳去欣赏亚热带风光。

译文：If you dislike cold winter, you may go to Kunming, which is a springtime city, free from intense heat or severe cold.There you can see the attractive Stone Forest and Dianchi Lake.You may also leave Kunming for Xishuangbanna to enjoy subtropical scenery.

评析：翻译时要时时考虑到译文能否被外国读者所理解。原文是："……昆明，那里有引人入胜的石林和滇池，还可到西双版纳去欣赏亚热带风光。"中国读者有相关的背景知识，知道西双版纳不在昆明。但外国读者未必知道西双版纳和昆明的地理位置。译者发挥其主体性，填补了一些信息，译为 You may leave Kunming for Xishangbanna，一下子点明了地理上的关系。

例 4：2003 年 10 月 15 日上午 9 时，中国的航天计划又前进了一步：神舟五号载人飞船在全国人民万众瞩目之下升空。每个中国人都兴高采烈，全世界聚焦甘肃酒泉。

译文：China took a step forward in its space programme at 9 a.m.on October 15, 2003 when, with the entire nation watching, its first manned space flight Shenzhou V blasted into space.Every Chinese was elated, and Jiuquan, the Satellite Launch Center in Northwest China's Gansu Province, became the focus of global attention.

评析：翻译一些含有文化色彩的专有名词时，为使译文表达清楚，通常要对专有名词加以解释。本句译文中如果译者只使用 Jiuquan，很多外国人会不知所云；如果加上 the Satellite Launch Center，外国人就比较容易理解了；如果再加上 in Northwest China's Gansu Province，就更清楚明白了。

在诗歌翻译中，由于要追求文字精练，受到字数的局限，所以很难添加解释性的词语，这时译者往往对中国地名进行意译式的简化处理，甚至大胆删除。此时译者追求的已不是文字与内容上的忠实，而是译入语读者的可接受性和译文在译入语文化中的存活问题。

第三节　工具书的选择与使用

从事专业性工作，往往要求助于合适的工具书，译者从事翻译工作也不例外。正如我们在“译者的知识储备”一章所分析的那样，翻译工作涉及各个方面的内容，要求译者了解多个领域的知识。但无论译者多么敬业、多么刻苦，也不可能掌握翻译工作所需要的全部知识，最多只能精通某一个或多个领域，对其他领域则只能了解一点基础知识。用英语来说，理想的译者只不过是“Jack of all trades，and master of some”。每一个译者在翻译过程中都会遇到自己的知识解答不了的问题。这时除了请教专家之外，就要查阅工具书了。

因此，学会选择合适的工具书，并在翻译过程中恰当地使用，是职业译者必须具备的一项能力，也是译者职业水平的一种体现。对于这一点，翻译界的认识比较一致。周兆祥先生在其著作《翻译与人生》[①]中，设专门章节讨论了工具书的作用。值得注意的是，工具书还成了一些翻译公司招徕顾客的资源。多家翻译公司的网页上都提到了自己拥有的翻译工具书，作为自己实力的证明。这说明，工具书对于译者的重要性，已得到了社会大众的认同。

不过，翻译界对工具书的认识还存在一些误区，主要表现在三个方面：一是对工具书的定义过窄，将工具书等同于词（辞）典或字典，特别是语言类词典，没有注意到其他类型工具书在翻译中的作用。二是只重视外文工具书的作用，忽视汉语工具书的作用。三是只重视传统纸质工具书，对电子工具书及网络上的工具书重视不够。

实际上，翻译工具书并不仅限于词（辞）典和字典，字典和词（辞）典只是翻译中最常用的一类罢了；译者在翻译过程中经常查阅的也不只是外语工具书，汉语工具书在翻译中也大有用武之地；随着电脑及网络的普及，电

① 周兆祥．翻译与人生［M］．北京：中国对外翻译出版公司，1998.

子工具书及网络工具书的作用越来越明显，对于有些译者来说，其重要性和使用频率早已超过纸质工具书。比如，周兆祥先生对翻译工具书的概括就很全面。他把翻译工具书分为词典、专门的工具书和指南、手册、年报、索引三大类，每一类下面又包括许多小类。

一、翻译工具书的种类

《现代汉语词典》把“工具书”定义为“专为读者查考字形、字音、字义、词义、字句出处和各种事实等而编纂的书籍，如字典、词典、索引、历史年表、年鉴、百科全书等”[①]；《新牛津英语词典》对“工具书”（reference book）的定义是“为了让读者查阅有关具体问题的信息，而不是通读而编纂的书籍”[②]。可见，工具书的范围非常宽，种类很多，周兆祥先生的分类是有道理的。由于翻译工作涉及方方面面的知识，各种不同的工具书对职业译者都有用。当然，各类工具书在翻译过程的使用频率各不相同。下面以英汉翻译为例，按照使用频率的高低，依次对职业译者常用的工具书加以介绍。

（一）语言类词典

我们所说的“词典”是总称，包括汉语的字典和辞典。翻译是一种语言活动，最容易给译者造成障碍的也是语言。虽然我们说职业译者应具备扎实的语言知识，但要对两种语言无所不知是不可能的。语言类词典一方面可以帮助译者理解原文中不认识的生字或生词，另一方面还可以帮助译者用规范的英语和汉语把原文的内容表达出来，做到不用错词，不写错别字。译者需要查阅的语言类词典可分为英汉词典、汉英词典、英语词典和汉语词典四类，每一类词典又可分为综合性词典和专门词典。

英汉词典中，目前国内出版的综合性词典种类较多，各种规模的都有，而且大多各有特色，可供译者选择。不过，过于小型的英汉字典，如一些袖珍英汉字典，学习英语时偶尔用一用还可以，在翻译实践中用处不大。因为这些字典要么收词过少，要么释义单一，译者遇到生词时在这些词典中往往

① 中国社会科学院语言研究所词典编辑室.现代汉语词典[M].7版.北京:商务印书馆，1989.

② Judy Pearsall.新牛津英语词典［M］.上海：上海外语教育出版社，2001.04.

查不到，查到了也未必能找到合适的义项。职业译者最好使用上海译文出版社 2017 年出版的《新英汉词典》或规模更大一些的词典。

《新英汉词典》收词达 5 万余条，用来翻译一般难度的英语文献，多数生词都可以查到。但这本词典中词的义项不多，收录的谚语、俗语相对较少，用来翻译专业性的或难度较大的英语原文，往往显得不够用。

就笔者所知，目前翻译界最常用的词典是《英汉大词典》[①]。该词典收词 20 余万条，对词的解释比较详细，收录的谚语和成语也比较多，除个别生僻词以外，翻译过程中遇到的生词基本上都能查到。另外还有《英汉辞海》[②]，这本词典收录的专业词汇较多，常用词汇反而比《英汉大词典》少，翻译非专业文献时不及《英汉大词典》实用。

以上三本词典主要用来查找原文中的生词。还有一些英汉词典可以用来帮助译者确定译文的用词。这些词典一般面向英语学习者，对英语单词的用法有较为详细的说明，有些还对近义词加以辨析。译者在汉译英时，如果对用哪一个英语词或者如何使用没有把握，查一查这些词典，多数时候都可解决问题。这一类词典以翻译过来的英语词典居多，如牛津系列英汉及英汉双解词典、朗文系列英汉词典等。国内编写的有《新时代英汉大词典》[③]。

专门的英汉词典目前也有很多，最常用的有英汉成语词典、英汉俚语词典和英汉缩略语词典等几类。这几种词典中，成语词典最为翻译界所重视，国内学者也编写了好几种，如《新英汉成语词典》等。成语词典规模不等，但收录的成语数量一般都比综合性词典多，对每一个成语的解释也比较详细，适合于用来翻译正式的英语文献，包括文学作品和科技、法律等非文学翻译，因为这些文献中通常都会用一些成语。

俚语词典国内常用的主要有《英汉俚语大词典》[④] 等几种。这些词典收录的俚语比较多，在翻译某些文学作品、军事文献以及影视作品时非常有用。

---

① 张柏然 . 英汉大词典［M］. 四川辞书出版社，2018.

② 王同亿 . 英汉辞海［M］. 北京：国防工业出版社，1988.

③ 张柏然 . 新时代英汉大词典［M］. 北京：商务印书馆，2006.

④ 肖章 . 英汉俚语大词典［M］. 江西教育出版社，2006.

缩略语词典目前常用的有《新英汉缩略语大词典》[①]。

此外，近年来国内还出版了几种英语外来语词典和英语新词语词典，也属于英汉词典，如《21 世纪英语新词词典》[②]等，对于职业译者理解英语原文也很有帮助。有些专门的英汉词典也有助于确定英语译文的用词，如笔者最近经常查阅的《最新英语短语动词词典》[③]，对英语常用动词短语的用法做了详细的解释，成了汉译英时常用的词典之一。

总之，专门的英汉词典收录了很多综合性词典中查不到的词，译者如果多准备几种，翻译时会方便许多。

相比之下，国内出版的汉英词典种类要少得多。目前，常用的综合性汉英词典主要有《汉英词典》《汉英大词典》和《新时代汉英大词典》等。这几部词典都是多位专家积多年之功编纂而成，收录的词汇都比较多，对词的解释也比较详细，通常每一个汉语词都给出好几个对应的英语词，译者在查阅时可以有所选择。

总体来说，《汉英词典》的解释比较准确，所用英语比较地道，但收录的词汇不如其他两本词典多，而且词条中专业词汇所占比例较大，一些常见的词没有收录，而且对有些词只是解释，没有给出大致对应的英语词汇。

《汉英大词典》和《新时代汉英大词典》规模稍大，收录的常用词比较多，但还是漏收了许多常用词，对有些词的解释也不够准确。此外，还有一些袖珍汉英词典，如《袖珍汉英词典》等，有些译者也经常查阅。不过这些词典收词不多，对词的解释也非常简略，提供的对应英语词很少，翻译长篇文献时用处不大。

国内出版的专门汉英词典种类更少。在为数不多的此类词典中，成语词典和歇后语词典占了一定的比例。此外，《现代汉语词典》近年来出版了汉英对照本，也可算作是汉英词典。该词典收词比较多，特别是常用词比较多，对于从事汉英翻译的译者也很有帮助。

---

① 李中和，李亚舒．新英汉缩略语大词典［M］．北京：中国科学技术出版社，1996.

② 苏珊·巴特勒.21 世纪英语新词词典［M］．姚暨荣，苗锋，等，译．北京：中国对外翻译出版公司，2001.

③ 陈永培，Paul Meara，常晨光．最新英语短语动词词典［M］．北京：外语教学与研究出版社，1999.

英语词典种类繁多，就综合性词典来说，仅国内引进版权出版的就有好几种，书店中也时常出售国外原版，各大图书馆收藏得更多。从词典的词汇量来看，英语词典是最齐全的，从手掌大小的袖珍词典到数十卷的大部头都有。国内译者通常只在三种情况下才查阅英语词典：一是英语原文中的生词比较生僻，英汉词典中查不到。二是英汉词典中虽然能查得到，但所给的义项不够多，与生词在原文中的语境不符。三是汉译英时对某些英语词的用法没有把握。因此，词汇量太小的袖珍英语词典在翻译中用处不大。词汇量稍大一些的英语词典有《牛津高阶英语词典》① 和《朗文基础英语词典》②。

另外，国内出版了英汉双解版，对于译者查找一些不太生僻的词，或是了解常用词的用法很有帮助。据笔者所知，国内出版的词汇量最大的单卷本英语词典是《新牛津英语词典》，多数英语原文中的生词都可从中查到，但该词典对词语的用法讲解比较简略，汉译英时用处反而没有《牛津高阶英语词典》和《朗文英语词典》大。如果在这本词典中也查不到的生词，译者最好查一下《牛津英语词典》。《牛津英语词典》的词汇内容广泛，而且特别详细地分析了各个词的词源。专门的英语词典国内引进出版的也不少，主要是一些成语词典、新词语词典及同义词词典等。成语词典、新词语词典收词较多，英语释义也比同类的英汉词典更利于译者把握。同义词词典对于译者汉译英时选词特别有用。

汉语词典在翻译中的作用往往为人们所忽视。其实，在理解和表达两个阶段，汉语词典都可以起到重要的作用。汉译英时，特别是翻译古代文献和文言文成分较多的文献时，译者往往会遇到一些不认识的字，或是不理解的词，这时就要查阅汉语词典。英译汉时，译者有时虽然想好了该用什么汉语词，但又不太有把握，或者忘了某个字的写法，这时也需要查字典。

目前来看，综合性的汉语词典中，最常用的是《新华字典》和《现代汉语词典》。《新华字典》对字词的解释简明扼要，查阅起来也非常方便，但由于所收集的词汇不多，有些文言色彩的词没有收录。《现代汉语词典》收集的词汇较多，常用字、词及相当一部分文言词从中都可查到。词汇量更大

① A. S. Hornby. 牛津高阶英语词典［M］.9 版 . 北京：商务印书馆，2016.

② 萨默斯 . 朗文基础英语词典［M］. 北京：商务印书馆，2004.

的词典，如《辞海》《辞源》等，虽然收录的词汇非常全，对词的解释也很权威，但词汇量太大，查阅起来不是很方便，在翻译中用得不是太多。但如果原文中有特别生僻的字词，翻译时也需要查阅这些大型词典。

（二）专业知识词典

专业知识词典专门收录某个或某些特定专业和领域的词汇，主要是专用术语。这一类词典对于翻译专业性文献的译者特别有用。职业译者很少能成为其他行业的专家，翻译专业性文献时，总会遇到一些不理解的专业术语，有时还有可能看不懂原文的内容。这时查阅专业知识词典，问题往往就会得到解决。

按语言来分，专业知识词典和语言类词典一样，也可分为英汉词典、汉英词典、英语词典和汉语词典四类。英汉专业知识词典国内出版得比较多，覆盖的专业领域也比较全，这些词典一般只提供英语术语的汉语译名，不做详细的解释。英译汉时直接把词典释义拿来用，通常不会有什么问题。但这些词典收录的新词一般都不是很多，翻译新发表的专业文献有时会显得不够用。汉英专业知识词典国内出版得比较少，覆盖的专业领域也不多，有些重要的专业领域甚至至今仍然没有汉英词典，但对职业译者来说，这一类词典尤其实用。除非译者翻译的是自己精通的那个领域，否则汉译英时不大可能知道汉语术语对应的英语名称。英语专业知识词典主要针对英语读者，对词条的解释比较详细，收录的词通常也比较多。英汉词典中查不到的词或者义项，在这类词典中往往可以查到，因此翻译专业性强的文献，这类词典用处比较大。

汉语专业知识词典数量众多，门类齐全，但在翻译中的作用往往为译者忽视。实际上，这一类词典对于译者了解某一领域的基础知识、读懂专业性的汉语原文、英译汉时确定用词都很有帮助。此外，国内还出版了不少多语种的专业词典，如《日英汉水泥与混凝土词典》等。这一类词典基本上可看作是多语种的术语对照表，用起来比较方便，但由于收词较少，有些专业词汇可能查不到。

按学科来分，专业知识词典可分为单科词典、多学科词典和综合性词典三大类。单科词典只收录某一个学科的词汇，通常只给出词条在某一学科中的含义。多学科词典收录两至三个邻近学科的词汇，每个词条下面给出该词在多个学科中的含义。综合性词典指的是收录许多学科词汇的词典，一般分为文科和理科（或科技）两大类，比如笔者经常查阅的就有《综合英汉文科大词典》和《英汉科技大词典》。这类词典通常收词较多，对词的解释很全面，给出词条在各个学科中的含义，一本词典可以用来翻译多个领域的文献，使用起来比较方便。但由于涵盖的学科太多，收录的某一个领域的专业词汇可能就不是太多，翻译专业性特别强的文献，不如单科词典实用。

（三）翻译专用工具书

这种工具书专为译者编写，职业译者在翻译过程中也需要经常查阅，目前常见的有两类：

1. 译名手册或译名词典。这类手册和词典只给出词条的汉语或外语译名，不对词条进行解释。词条包括地名、人名、器物名以及专有名词等。

这里面包括众多的专科译名词典，如《外军装备厂商译名手册》《联合国及有关组织机构译名手册》等。职业译者常用的有《外国地名译名手册》《英语人名译名手册》《世界人名翻译大词典》等。译名问题关系到读者对译文的正确理解和接受，甚至会影响整个学科或行业的健康发展，翻译界对这个问题历来比较重视，要求译者最好采用译名手册中的译法，不要自行其是，以便于译名的统一，避免混乱。因此，翻译时多查一查这一类工具书是非常必要的。

2. 各种翻译手册，包括译者工作手册和翻译行业指南等。译者手册主要介绍译者需要掌握的翻译常识、技巧、理论以及相关的文字处理技巧等。这些手册与翻译教科书和翻译理论著作的区别在于，讲授内容完全着眼于翻译实践，不讲授宏观的翻译理论，有些还讲授校对、标点使用等非翻译方面的知识。这类手册有些是综合性的，如《英汉翻译手册》《英汉、汉英新编翻译手册》《著编译审校指南》等。

综合性的翻译手册种类不多，还是专科的多一些，如《计算机常用软件英汉翻译手册》《实用汉英外经贸翻译手册》等。翻译行业指南主要介绍翻译教学、翻译市场及翻译机构的概况，目的在于使读者对翻译行业有大概的了解。这方面工具书国内出版的不多，流传最广的大概是 20 世纪 80 年代出版的《国外翻译界》。

此外，有些翻译理论著作也可起到工具书的作用。比如，译者无法确定翻译标准时，就不妨参考一下理论著作，了解相关领域对译文的要求，认清各种翻译标准的适用范围，从而选择恰当的翻译策略。主要讨论宏观问题的翻译理论著作与翻译实践结合不太紧密，译者如果没有一定的理论素养，读起来也有一定困难，因此不大可能作为翻译工具书来用。

（四）其他翻译工具书

还有一些工具书，在翻译实践中不太常用，译者只是在翻译某些文本时才偶尔查阅一下，但这并不是说这些工具书不重要。有些问题过于专业，或是在社会上影响不大，其他工具书都没有收录，只有在这些工具书中才可以查到。这类工具书大体有以下几种：

1. 百科全书。百科全书可分为综合性和专科性两种，无论哪一种，都以全面为主要特点。综合性百科全书中，常用的有《中国大百科全书》《新不列颠百科全书》《美国百科全书》等。有些工具书虽然不以百科全书为名，但内容与百科全书完全一样，译者也经常查阅。例如，美国微软公司发行的一款参考文库，可安装在电脑上，使用起来非常方便，内容也很全面，近年来受到国内许多读者的青睐。专科百科全书种类众多，主要学科几乎都有内容较为翔实的百科全书。

近年来，国内还引进了不少英语百科全书，并出版了中文版，译者遇到不了解的英语词条时，不仅可以在英语版中查询，了解其含义，还可以参考中文版的译文。

2. 手册、指南。这类工具书与专业知识词典有重叠之处，都对主要术语和概念加以解释。但通常来说，手册和指南更加详细，注重对具体知识和过程的讲解与描述。译者翻译专业文献时，如果感到原文的内容难以理解，查阅这类工具书往往会有所帮助。

3. 名录，包括人名录、机构名录等。这类工具书的作用在于，帮助译者了解原文中专有名词的确切含义，并确定该名词的译名。有些文献中出现的人名或机构名，由于不为大众所熟知，词典和百科全书中并不收录，但译者为了准确理解原文，必须对这些人或机构有所了解，这时各种名录就成了最好的帮手。还有一种情况是，有些人和机构，分别有自己的中文名和英文名，译者在翻译时，不能简单地音译，而是要找到目标语中对应的名字，这时就需要查阅双语的人名录或机构名录。因此，各种人名录、公司名录、政府机构名录，都是译者经常参考的工具书。

4. 书目、索引。书目的作用在于可以帮助译者了解某些书籍的通行译名，并为进一步查找资料提供线索。索引种类繁多，可以帮助译者按图索骥，找到需要查阅的资料，或是确定某些引言的出处。笔者翻译某英语军事文献时，曾遇到过这么一句话：To lead an untrained people to war is to throw them away. 原文注明是孔子说的，因此译文一定要还原回汉语原文。但笔者国学基础薄弱，实在猜不到这句话出自哪里，原文是什么。正好手头有一本关于《论语》的索引，查阅带有“战”的索引得知，该句出自《论语 · 子路篇》第三十章，原文为“以不教民战，是谓弃之”。

5. 年报、年鉴、文摘等。这些工具书可以帮助译者了解特定人物、事件或地方，对于理解原文，确定恰当的翻译策略很有帮助。

总之，翻译工作需要各种知识，译者有必要查阅各种工具书。不夸张地说，所有的工具书都可以为译者所用，成为翻译工具书，只是不同的工具书在翻译中使用的频率不同而已。

值得注意的是，随着电脑和网络的普及，工具书的电子化程度不断提高，许多工具书都出了光盘版，有些还放在了网络上。与纸质工具书相比，电子化的工具书有两大优点：一是不占空间，便于携带。多数光盘版工具书都可安装在电脑上，因此只要电脑硬盘有足够的容量，装多少工具书都可以，即使不安装在电脑上，光盘的体积也比书或词典小得多。二是便于查阅。电子化工具书通常都有检索功能，输入一个关键字，可以搜索到该工具书中所有包含该关键字的词条，省去了查阅纸质工具书翻页查找的麻烦。

二、工具书的选择

工具书的选择包括两重含义：一是对工具书的选购和收藏，二是在翻译时对工具书的选用。

就选购和收藏来说，译者应遵循以下两个原则：

首先是常用。译者不可能把所有需要的工具书都买下来，因此译者只需购买那些常用的工具书即可。在常用的工具书中，语言类词典是必须购买的，从事英汉翻译的译者，上面分析的四种词典，即英语词典、英汉词典、汉英词典和汉语词典应各买一本。如果译者经常翻译某一领域的文献，有关该领域的专业知识词典也应该买一本。当前职业译者不大可能长期只翻译某一领域的文献，因此专业知识词典最好买多学科或综合性的专业知识词典，因为这样的词典翻译多个领域的文献都可以用。

其次是权威，既然购买的工具书数量有限，那么买回来的就应该每一本都是精品，翻译时应该是可靠、可信的。通常来说，工具书权威与否，取决于编著者和出版社的权威性。如果编著者是行业内的权威，即使出版社不知名，工具书一般也可信；同理，知名出版社出的工具书，即便是由不知名的编者编著，也是可靠的。如果出版社和编著者都很知名，工具书一般也差不了。当然，这也不是绝对标准。不知名出版社出版的由不知名编者编著的工具书，有的也堪称精品，翻译时很实用，在翻译行业内可能也会有很好的口碑。因此，同行译者的口碑也是判断工具书权威性的标准之一。

就选用来说，也应遵循两个原则：一是专业对口。翻译专业文献时，最好查阅该专业的工具书，而且最好是单科工具书，如果没有单科工具书，最好选用相关的多学科或综合性工具书，只有这样才能查到某一术语在该专业中的含义，否则极有可能造成张冠李戴的笑话。二是方便快捷。有些译者过于偏爱大型词典，不仅语言类词典要大型的，专业知识词典也要大部头的，其实只要不是过于罕见的义项，或者非常生僻的词，一般的词典都可以查到。大型词典虽然收录的词齐全，词义解释也全面，但查找词条和义项特别费时，用起来反而不如小型词典方便。

三、工具书的使用

孙致礼教授提出，翻译时查字典要做到“手勤、眼勤、脑勤”。这“三勤”适用于所有工具书的使用。具体来说，译者使用工具书要做到以下三点：

首先要勤查工具书，养成经常查阅工具书的好习惯。当前的职业译者工作和生活节奏普遍比较快，时间比较紧，有时可能不愿意在查阅工具书上花费太多的时间，只要觉得自己大致明白了原文的含义，就开始翻译。这种做法实在不可取。翻译和阅读的最大区别在于，翻译要求译者完全理解原文，每一个字、词、句都要弄懂，而阅读却不一定，只要抓住大意，或是领会了需要理解的内容即可。因此，翻译时遇到把握不准的地方，译者一定要查阅工具书；即便是觉得有把握的地方，有时也应查阅工具书加以核实。

其次，即使译者自己懂了，还应该让读者读懂，这就需要做一些注释。要做注释，光凭译者的记忆往往不够，必须参照工具书。为了图省事或是省时间，不查工具书，完全靠猜测翻译，往往会造成翻译错误，甚至闹出翻译笑话，如下面的例子：

No more would the streets of Germany echo to the jack-boot of the goose-stepping storm troopers or the lusty yells of the brown-shirted masses or the shouts of the Fuechrer blaring from the loudspeakers.

德国的大街上再也不会响起公鹅一样前进的冲锋党员的皮靴声，不会有穿着褐色衬衫的群众那强有力的叫嚷，也不会有喇叭里传出的号角鸣响。

原文出自《第三帝国的兴亡》，译文为课堂上学生所译。学生对原文中的“jack-boot”“goose-stepping”“storm troopers”“brown-shirted masses”和“Fuercher”显然都不理解，但却不查词典，想当然地照字面翻译，结果错得很离谱。其实，这几个词在一般的词典中都能查到。“jack-boot”指长靴或纳粹军靴；“goose-step”是军事用语，指齐步走的步伐；“storm trooper”指纳粹冲锋队员；“brown shirt”是纳粹分子的标志性服装；“Fuercher”是德语词，意思为“元首”。这句话可以译作：在德国的大街上，再也没有穿长筒靴的冲锋队齐步前进的声音了，再也没有纳粹分子狂热的叫喊声了，再也不会有元首从扩音器里传出的尖叫声了。

最后，要带着疑问和猜测查工具书。我们说翻译不能完全靠猜测，但猜测却是翻译中不可缺少的一个环节。译者遇到自己不理解的词句时，首先应该结合上下文猜一猜这些词句大致应该是什么意思，然后再去查阅工具书，验证自己的猜测。也就是说，查工具书时，应该带着疑问，带着对原文的猜测。这样可以省去很多时间，结果也比较可靠。否则，对陌生词句可能的含义一点也猜不出来，查阅工具书时，逐个义项或解释查对，不仅费时费力，得到的结果也不可靠。下面是笔者翻译的一句话：

In the tiny Pullman kitchen of the TriBeCa apartment, he woke the computer terminal out of sleep mode.

在特里贝卡区他家那套公寓的普尔曼式小厨房里，他把电脑终端从睡眠状态唤醒。

根据上下文，笔者判断原文中的“TriBeCa”应该是美国纽约市的一个地方，但也没有十足的把握，没敢直接音译成汉语，于是就查阅了一些工具书，终于在一本地图集中找到了答案。“TriBeCa”是纽约市曼哈顿西南角一片地区的名称，因此笔者将其音译并在后面加了个“区”字，并加脚注加以说明。

总之，要灵活运用工具书，不能照搬工具书，尤其是词典的释义。翻译经验不足的译者，往往会过分拘泥于工具书的解释，把释义直接用到译文里，忽视了译文的连贯性以及词语之间的搭配，或是不知道对释义加以适当的引申，不能准确捕捉到原文的含义。笔者在教学中曾要求学生翻译过一篇探讨现代人缺乏耐心的文章，原文中有这么一句话：

Time is a gentle deity, said Sophocles.

许多学生译为“索福克勒斯说，时间就是一位温柔的神”。照搬了词典上的常用义项，却没有考虑“温柔”与“耐心”之间有何联系。实际上，这里的“gentle”可解释为“有耐心的”，进一步引申则可译为“从容优雅的”。全句可译为：时间之神文雅从容，索福克勒斯如是说。如此则译文流畅通顺，而且意思准确。

有经验的译者会灵活运用工具书的释义，在保证基本意思不变的前提下，灵活选词，引申原意，使译文顺畅，对原文内容的传达也更准确。翻译界经常提起的一个例子是杨必译《名利场》中的一句话，原文是：

...yet, as it sometimes happens that a person departs his life, who is really deserving of the praises the stone-cutter carves over his bones; who is a good Christian, a good parent, a good child, a good wife or a good husband...

杨必的译文是：

“不过偶尔也有几个死人当得起石匠刻在他们朽骨上的好话，真的是虔诚的教徒，慈爱的父母，孝顺的儿女，贤良的妻子，尽职的丈夫。”

原文中五个“good”被译成了五个汉语词，没有一处照搬词典上“好”这一常用义项，对词典释义作了充分的引申。尽管这种译法在一定程度上背离了原文的语言风格，但译文的确很流畅、很漂亮。

第四章　英语翻译的技巧和方法

第一节　词汇层面上的翻译技巧和方法

在翻译领域，词汇层面上的技巧和方法是非常重要的，因为它们直接影响着译文的准确性和流畅性。以下是一些常用的词汇层面上的翻译技巧和方法。

一、词汇选择

（一）同义词选择

在翻译中同义词选择是一项常见的翻译技巧，可以帮助确保译文更加自然和流畅。以下是一些关于同义词选择的技巧和方法。

1. 理解上下文

理解上下文是选择适当同义词的关键因素之一，因为一个词的意义可以根据其在句子或段落中的上下文而有所不同。以下是一些关于理解上下文的技巧和方法：选择同义词之前，首先要仔细阅读原文的整个句子、段落，甚至整篇文章。这有助于获取更全面的上下文信息，以确保选择的同义词与整个文本的主题和语境相符。寻找上下文中的线索，如关键词、关联词和逻辑连接词，这些线索可以提供有关词汇使用方式的信息。了解句子的语法结构，包括主语、谓语、宾语等，可以帮助确定词汇在句子中的作用和意义。思考句子中的逻辑关系，特别是因果关系、对比关系和条件关系，以确定同义词的选择是否适合表达这些关系。观察句子中的修饰语，包括形容词、副词和定语从句等，这些修饰语可以提供关于词汇含义的进一步信息。考虑文本的目标受众，不同受众可能对同义词的选择有不同的期望，因此需要选择适合受众的词汇。确保选择的同义词不会引起歧义或混淆。有时，同义词可能在不同的上下文中具有不同的含义。在选择同义词后，反复校对整个句子，确保它们在上下文中流畅自然，不会破坏句子的逻辑和连贯性。通过深入理解原文的语境，翻译者可以更好地选择适当的同义词，以保持译文的一致性和流畅性，同时传达原文的意义。

2. 词汇库和工具

使用词汇库、在线词典或翻译工具是寻找同义词的便捷方式，这些工具可以帮助翻译者快速找到可能的同义词选项。以下是一些关于如何使用这些资源来查找同义词的建议：许多在线词典和词汇库提供了广泛的同义词选项。查找同义词的词汇，然后浏览列表以查看可供选择的同义词。一些词汇具有多个不同的含义，因此在查找同义词时要特别注意上下文，以确保所选的同义词适用于特定的语境。在查找同义词时，注意词汇的语气和风格。不同的同义词可能在正式、非正式或文学性的语境中有所不同。一些在线词典会提供包含所选词汇的示例句子，这有助于理解同义词在句子中的用法和含义。译者在进行跨文化翻译时，要考虑目标文化的语言和文化背景，以确保所选的同义词适合目标受众。不仅要查找一个同义词选项，还要尽量查找多个不同的同义词，并仔细比较，以确定哪一个最适合特定的翻译任务。一些翻译工具和软件也提供了同义词选项，译者可以输入要翻译的词汇，然后查看工具提供的同义词建议。虽然这些工具和资源可以帮助译者查找同义词，但是在最终选择同义词时，仍然需要考虑上下文、语气、风格和目标受众的需求。确保所选的同义词与整体翻译的一致性和流畅性相符，以确保译文质量。

3. 考虑语气和风格

考虑语气和风格是在选择同义词时非常重要的因素之一。不同的同义词可能在语气和风格上有差异，因此需要确保所选的同义词与原文的语气和风格保持一致。以下是一些关于考虑语气和风格的建议：选择同义词之前，仔细阅读原文以了解其语气和风格。原文可能具有正式、非正式、学术、文学或口语等不同的语气和风格。根据原文的语气选择同义词，以确保它们在同样的语气范围内。例如，如果原文是正式的，那么选择正式的同义词。考虑文本的目标受众，选择适合他们语气和风格的同义词。不同受众可能对语气和风格有不同的期望。有时，同义词在不同的语气和风格中可能具有不同的含义，要确保所选的同义词不会引起歧义或混淆。一些文本可能包含特定的修辞手法，如比喻、隐喻或象征。选择同义词时要考虑这些修辞手法，以保持文本的风格一致。

4. 参考样例

查看同义词的样例句子，是一个很好的策略，可以帮助翻译者更好地理解同义词在不同语境中的用法和语气。以下是一些关于如何查看样例句子的建议：许多在线词典和词汇库会提供同义词的样例句子。在查找同义词时，浏览这些句子以了解同义词的典型用法。尽量查看多个不同样例句子，以涵盖同义词的各种用法和语气。这有助于获得更全面的理解。在查看样例句子时，注意句子的上下文，了解同义词在特定语境中的含义和语气。有时同义词的含义会因上下文而变化。如果有多个同义词选项，请比较它们的样例句子，以确定哪个同义词最适合特定的翻译任务。在查看样例句子时，要考虑文本的目标受众以及他们的语言偏好和期望。选择同义词时要符合目标受众的需求。确保完全理解同义词的含义和用法，以便在翻译中准确地选择和应用它们。

5. 反复校对

反复校对是确保翻译质量的重要步骤之一，特别是在选择同义词后。以下是一些关于如何进行反复校对以确保翻译一致性和流畅性的建议：逐句对照译文和原文，确保同义词的使用与原文的含义和语气一致。特别注意那些关键句子和段落。考虑文本的上下文，确保所选的同义词在整个文本中都合适。同义词的含义可能因上下文而变化。检查译文中的语法，确保它们与原文保持一致。这包括词汇形式、时态和句子结构等。确保整个译文的语气和风格与原文一致，特别是使用同义词的地方。文本的整体语气应保持一致。确保译文流畅自然，易于理解。避免使用生硬或不自然的表达方式。确保整个译文在语言和逻辑上连贯。译文的段落和句子之间应有明确的过渡。查看译文是否存在歧义或混淆之处，并进行必要的修正。检查拼写、语法和标点符号错误，并进行纠正。如果可能，让其他人阅读和审查你的译文，听取他们的反馈和建议，外部反馈有助于识别潜在问题。进行多次反复校对，以确保译文的质量和一致性。每次校对都可能发现不同类型的错误或问题。考虑译文的目标受众，并确保译文满足他们的期望和需求。反复校对是翻译过程中不可或缺的步骤，可以提高翻译的准确性、流畅性和一致性。通过反复校对，翻译者可以不断改进和完善译文，确保其达到最高的质量标准。

6. 审查译文全文

审查译文全文是确保翻译质量的重要步骤，特别是在选择同义词后。以下是一些关于如何进行全文审查以确保一致性、语气和自然流畅性的建议：全文通读一遍，注意语气、风格和表达方式，确保整个译文在这些方面与原文一致。逐句检查译文，确保每个句子的语气和风格与原文一致。特别注意那些包含同义词的句子。审查段落之间的过渡和一致性。确保段落之间的语气和表达方式不会出现突变。

（二）避免歧义

避免歧义在语言表达中是非常重要的。以下是一些避免歧义的方法。

1. 上下文明确性

上下文明确性是有效沟通的关键要素之一。以下是一些方法，可确保文本在上下文中明确表达意思，减少歧义的可能性：在文本开头明确陈述你的目的或主题。这有助于读者或听众知道你将要讨论的内容，从而更容易理解后续的信息。如果你在文本中使用了特定领域的术语或缩写，确保提供明确的定义或解释，以确保读者了解这些术语的含义。在介绍新话题或概念时，提供足够的背景信息，以便读者或听众了解相关背景和上下文。避免使用模糊或抽象的语言。使用简洁明了的词汇和句子结构，以确保信息传达清晰。构建文本时，使用清晰的逻辑结构。有序、连贯的思路有助于读者或听众更容易理解你的观点和论证。在文本中重复关键信息，以强调重要性。此外，通过总结关键点，可以帮助读者或听众更好地记住和理解信息。考虑你的受众是谁，他们的背景知识水平如何，以及他们可能的疑虑或问题。根据受众的特点来调整你的表达方式。避免使用可能有多重解释的词汇或短语。如果你必须使用这些词汇，请提供上下文，以澄清其含义。在写作完成后，考虑请别人阅读并提供反馈。他们的反馈可以帮助你识别潜在的歧义或不清晰之处。总之，通过提供清晰的上下文，定义术语，使用明确的语言和建立逻辑结构，可以有效地减少歧义，确保读者或听众能够准确理解你的意图和信息。

2. 使用明确的词汇

使用明确的词汇是有效沟通的关键。以下是一些关于选择明确词汇的方法：在选择词汇时，查阅词典和同义词词典可以帮助你了解每个词汇的确切含义和用法。这可以帮助选择最适合你意图的词汇。尽量避免使用模糊的词汇，这些词汇可能有多种解释，导致歧义。如果你使用了模糊词汇，确保上下文足够清晰，以便读者或听众能够理解你的意图。选择适合受众理解的词汇，避免使用过于专业或复杂的词汇，除非你确定受众具备相应的知识。使用具体的词汇来描述事物或观点，而不是抽象的词汇。具体的词汇可以帮助读者或听众更好地理解你的描述。注意避免使用同音异义词，这些词汇在发音上相似但意义不同。特别是在口语交流中可能会导致混淆。在多个可选词汇中，选择最能准确表达你意图的词汇。有时候，一个词语能更准确地传达你的思想，而另一个可能会引起误解。确保你在文本中保持词汇的一致性。如果你使用了某个词汇来描述特定概念，尽量在文本中保持一致，以避免混淆。总之，选择明确的词汇有助于确保你的信息被清晰地传达，并减少歧义的可能性。在写作或口语表达中，精心选择词汇是有效沟通的重要组成部分。

3. 避免双关语

避免双关语是确保清晰沟通的重要原则之一。双关语是那些具有多重解释的词语、短语或句子，可能因为上下文不同而导致歧义。避免双关语有助于确保信息的准确传达，特别是在正式文档或重要的沟通中。以下是关于如何避免双关语的建议：选择精确且明确的词汇来表达你的意思，而不是依赖于模糊或多义的词汇。确保选用的词语在特定上下文中只有一个清晰的含义。如果必须使用某个具有多重解释的词语，就尝试在文本中提供额外的上下文来澄清其含义。解释这个词语的含义可以帮助读者正确理解你的意图。提交正式文档之前，最好请别人阅读并提供反馈。他们可以帮助你识别潜在的双关语或歧义，以便你进行修正。虽然修辞和隐喻在文学作品中很常见，但是在正式文档或专业沟通中，要尽量避免使用过多的修辞，因为它们往往容易引起歧义。适当使用标点符号可以帮助减少歧义。例如，使用逗号、分号和引号来明确表示引用、列举或强调。如果你使用了特定领域的专业术语，确保提供清晰的定义，以防止读者对其含义产生误解。在某些情况下，双关语可能用于刻意的幽默或修辞目的，但在正式文档中，也要审慎使用，确保它们不会导致混淆或误解。总之，在正式文档和重要沟通中，确保避免双关语是关键，以确保信息能够被清晰准确地传达，而不会引发歧义。

4. 清晰的句子结构

清晰的句子结构是写作和沟通的重要组成部分，它有助于确保读者轻松理解你的信息。以下是关于如何确保句子结构清晰的一些方法：尽量保持句子简短明了。长句子和复杂的从句容易使读者迷失在句子中，因此要尽量避免过分冗长的结构。每个句子应该表达一个主要观点或概念。不要尝试在一个句子中包含太多信息，以免对读者造成混淆。逗号、分号、句号等标点符号的正确使用可以帮助划分句子，使其结构更清晰。例如，使用逗号来分隔列举的项目，使用分号来连接相关但独立的思想。确保每个句子都有明确的主语和谓语动词。这有助于读者更容易识别句子的核心信息。过度使用修饰词汇、副词和形容词可能使句子复杂化，只使用必要的修饰词汇，以便使句子保持简洁和清晰。除单个句子的结构外，考虑整个段落的结构。每个段落应该有一个主题，句子应该围绕这一主题展开，确保段落内部和段落之间的连贯性。写完文本后，反复检查并编辑，以确保句子结构清晰且易于理解。请别人阅读你的文本，以获取他们的反馈。考虑文本受众的背景和知识水平。根据受众的特点来调整句子结构和用词，以确保他们可以轻松理解。总之，清晰的句子结构是有效沟通的关键。简明扼要、明确的表达、适当的标点符号和段落结构都有助于确保你的信息能够准确、清晰地传达给读者或听众。

5. 标点符号的正确使用

在翻译中，正确使用标点符号同样非常重要，因为它有助于保持原文和翻译文本的准确性和清晰度。以下是一些关于标点符号在翻译中正确使用的重要原则：尽量保持翻译中标点符号与原文一致。如果原文中有逗号、句号、感叹号等标点符号，翻译中也应保留相同的标点符号。这有助于保持原意的连贯性。标点符号的含义和用法可能因语言和文化而异，因此在翻译中需要理解上下文和句子的结构。考虑原文中标点符号的用途，并确保翻译中的标点符号在目标语言中具有相同的功能。不要过度翻译标点符号，尤其是在没有对翻译的理解产生歧义时。有时候，直接翻译标点符号更合适。尽管要保持原文和翻译中的标点符号一致，但也要确保翻译文本在目标语言中的流畅性。有时候，标点符号的位置或用法需要根据目标语言的语法和语境进行微调。如果原文中使用了引号，确保在翻译中使用相应的引号标点。不同语言可能使用不同类型的引号（例如，英语中的双引号，法语中的尖括号），所以要根据目标语言的规范来使用。不同语言有不同的标点符号使用规则。进行翻译工作之前，要了解目标语言的标点符号规则，以确保翻译的准确性。总之，在翻译中正确使用标点符号是确保翻译文本准确、清晰和流畅的关键。这需要对原文和目标语言的语法和标点规则有深入的理解，以确保翻译文本能够传达原意并避免歧义。

6. 多次校对和反馈

在英语翻译中，多次校对和请别人提供反馈是确保文本或沟通准确、清晰且无歧义的关键步骤，多次校对是翻译过程中的重要步骤之一。翻译完成后，翻译者应该反复检查文本，以确保翻译的准确性、语法正确性和流畅性。在不同的时间点进行多次校对可以帮助发现并纠正可能存在的错误，提高文本的质量。

请别人提供反馈是进一步确保翻译准确性的方式，最好找到一个懂英语的人或专业翻译人员来审阅你的翻译文本。他们可以帮助识别潜在的歧义、不准确的翻译或改进的机会。不同的视角可以帮助提高文本的质量。在翻译中特别要注意歧义问题。某些短语或句子在不同上下文中可能具有多重含义，因此要确保翻译的含义清晰明了，不容易产生混淆。检查文档的语法和标点符号使用是否正确，以确保句子结构清晰，不会引起歧义。标点符号的正确使用也是确保文本清晰的重要因素。了解目标受众的文化和语境是很重要的，有时，文化差异可能导致误解或歧义。在翻译时要考虑上述因素，以便适应目标文化的表达方式。

总之，在英语翻译中，多次校对和请别人提供反馈是确保翻译文本质量的重要步骤。它们有助于发现并纠正潜在的问题，提高文本的准确性和可理解性，确保信息得以清晰传达。这些步骤特别适用于重要文本或沟通，因为它们可以避免误解和歧义，确保信息地准确传达。

7. 同义词的审慎使用

同义词的审慎使用是写作和沟通中的关键因素之一，可以帮助确保文本的准确性和清晰度。以下是一些关于使用同义词时的注意事项：确保使用的同义词在特定上下文中没有多义性。同义词的含义可能会因上下文而异，因此要确保你的选择与句子的整体含义一致。使用同义词之前，查阅词典或语法参考资料是个不错的做法。这可以帮助你了解每个同义词的确切含义和适用情境，以避免不必要的混淆。一些同义词可能在语气和语调上有差异。例如，“高兴”和“愉快”虽都表示快乐，但后者可能更加正式，前者可能更加口语化。要根据文本的语气和受众选择合适的同义词。同义词的适用性可能会因不同的领域而异。在特定领域或专业上下文中，某些同义词可能更常见或更适用。要根据文本的领域选择合适的词汇。写完文本后，进行编辑和校对，要特别注意同义词的使用。确保它们与上下文一致，不会引起歧义。如果有其他人可以审查你的文本，请寻求他们的反馈和建议。其他人可能会提供有价值的见解，帮助你选择更准确的词汇。使用同义词时要审慎选择，确保它们在特定上下文中没有多义性，并与文本的整体语境一致。正确的词汇选择有助于确保你的信息准确、清晰地传达给读者或听众。

总之，避免歧义需要仔细思考和审查你的语言表达。清晰、明确和有条理的表达方式有助于确保你的意思被准确理解，而不会引发误解或混淆。

（三）考虑读者

考虑读者是翻译工作中至关重要的一点，确保译文适应目标受众的语言和文化背景是为了确保翻译易于理解和接受。以下是一些在考虑读者时选择同义词的注意事项。

1. 目标受众的语言水平

了解目标受众的语言水平是确保翻译文本易于理解的关键因素之一。适应目标受众的语言水平可以确保翻译的有效传达，避免语言障碍或理解困难。以下是一些与目标受众的语言水平相关的考虑：在目标受众的语言水平较低时，应选择更简洁、直接的表达方式。避免使用复杂的词汇、长句子或语法结构，以减少混淆和歧义。选择常见的、广泛使用的同义词，而不是专业的或不常见的词汇，这有助于受众理解翻译文本，因为他们更熟悉常见词汇。

避免使用俚语、习语或特定表达，因为这可能对非母语人士或语言水平较低的人造成困扰。确保句子结构清晰，避免过于复杂的从句或冗长的句子，简单、清晰的表达方式有助于理解。可能的话，考虑使用图示、图像或图表来辅助理解，视觉元素可以帮助解释文本，尤其是对于语言水平较低的受众。在完成翻译后，可以寻求目标受众的反馈，以确保翻译的可理解性。还可以进行一些测试或问卷调查，以了解受众是否能够理解和接受翻译文本。考虑目标受众的语言水平是翻译工作中的关键因素，可以确保翻译的有效传达和沟通。这是确保翻译满足受众需求的重要步骤，尤其是在跨文化或多语言沟通的情境中。

2. 文化差异

文化差异对于翻译工作非常重要，因为文化因素可以影响同义词的含义和适用性。在考虑文化差异时，以下是一些关于选择同义词的注意事项：了解目标文化的特点和价值观是关键。某些词汇在不同文化中可能有不同的含义或情感色彩。确保所选择的同义词在目标文化中是合适的，不会引起误解或冒犯。文化隐喻和习惯用语可能在不同文化中有不同的解释，尽量避免使用这类表达方式，以免引发误解。选择通用的同义词可能更妥当。不同专业领域或行业可能有其独特的术语和表达方式，这也受到文化因素的影响。如果翻译涉及专业领域，就要确保所选择的同义词在目标文化和专业领域中都是合适的。了解这些因素可以帮助更好地选择适合的同义词。总之，考虑文化差异是翻译工作中不可忽视的因素之一。选择同义词时，必须了解目标文化的特点，以确保翻译文本能够在文化上准确传达信息，避免引起误解或不适。文化敏感性和专业性对于翻译工作都至关重要。

3. 专业术语和行业标准

专业术语和行业标准在翻译中非常重要，尤其是当翻译涉及特定领域或行业的文本时。所选择的同义词与该领域的专业术语和标准一致，是保持翻译的准确性和可信度的关键因素。以下是一些关于处理专业术语的注意事项：翻译人员需要充分了解所涉及的专业领域，这包括熟悉该领域的术语、概念和行业标准。只有具备领域知识，才能准确地选择同义词。使用专业词汇资源，如行业词典、术语表、标准化术语表，以确保所选的同义词是行业内承认和通用的。这些资源可以帮助确定最准确的术语。一些领域可能存在术语的多义性，因此要特别小心以避免混淆。确保所选的同义词在特定上下文中是清晰和准确的。考虑目标受众的专业水平，如果受众不是领域专家，可能需要使用更通用的词汇来解释专业术语。可能的话，与领域专家合作或咨询他们的意见，他们可以提供有关专业术语的准确性和适用性的重要信息。进行校对和反馈是确保专业术语的正确性和一致性的重要步骤。寻求受众的反馈，以确保翻译文本准确传达了专业信息。总之，在处理专业领域的翻译工作时，准确选择专业术语非常重要，翻译人员需要投入充分的时间和精力来研究并正确应用专业术语。

4. 口语与书面语

以下是一些关于处理口语和书面语的同义词选择的注意事项：了解受众的需求和文体要求是关键。确定文本是用于口语交流还是书面文档，以及考虑受众的口语或书面语水平。如果翻译涉及口语，确保所选择的同义词是口语化的，符合口语表达方式。避免使用过于正式或书面的词汇，以免与口语风格不符。对于书面文档，应选择更正式的词汇和表达方式。避免使用口语俚语或非正式词汇，以保持文档的书面性。同义词选择也应考虑上下文和受众。在某些情况下，即使是口语文本，也可能需要使用正式词汇，如在商务或学术环境中。同义词的选择还会受到语气和情感的影响。口语和书面语可能在表达情感和语气上有所不同，因此需要选择合适的词汇。总之，根据受众的需求和文体要求，适当选择口语和书面语的同义词是确保翻译或沟通有效的关键因素之一。

5. 避免冷僻词汇

避免冷僻词汇是非常重要的，特别是在翻译中，因为使用不常见或冷僻的同义词可能导致读者或受众产生混淆。以下是一些关于避免冷僻词汇的注意事项：了解受众的语言水平和背景是关键。如果受众不太可能了解或熟悉冷僻词汇，应尽量避免使用这些词汇。在翻译过程中，选择常见的、通用的词汇，更容易被受众理解。避免使用过于专业或晦涩的术语，除非受众是领域内专家。在翻译中，简洁明了是一种很好的原则。使用简洁明了的词汇和表达方式可以帮助确保翻译易于理解，减少歧义。有时候，即使某个词汇较为冷僻，但在特定上下文中可能是合适的，因此需要根据具体情况来判断。避免使用具有多重解释的词汇，因为它们可能导致歧义。确保所选的词汇在特定上下文中的含义是清晰的。

总之，在翻译中避免冷僻词汇是确保翻译易于理解的一种重要策略。选择常见词汇和简洁表达方式可以帮助确保翻译达到沟通目标，避免不必要的困惑或歧义。考虑读者是翻译过程中的关键因素之一。选择适当的同义词以适应目标受众的语言和文化背景，可以确保翻译文本易于理解，并与受众的需求相符。这有助于提高翻译的质量和有效性。

（四）特定领域术语

在翻译特定领域的文本时，使用正确的专业术语非常重要，以确保信息准确传达。以下是一些处理特定领域术语的注意事项：了解该特定领域的专业知识和术语是至关重要的。这可能需要深入研究和学习，以便理解领域内的术语和概念。寻找可靠的专业术语词典和资源，以帮助译者确认和理解特定领域的术语。这些资源通常包括术语解释和示例用法。了解特定领域的行业标准和约定，因为术语的含义和用法可能会因行业而异。确保译者的翻译或沟通与行业标准一致。可能的话，与领域内专家合作，以确保译者的翻译准确无误。专家可以提供有关特定领域的深入见解。特定领域的术语可能在不同的上下文中有不同的含义。因此，始终考虑上下文，以确保译者选择的术语适合特定文本。避免在同一文本中使用不同领域的术语，以免引起混淆。确保术语一致性，并使用正确的术语。此外，进行反馈和校对是确保译者的翻译或沟通在特定领域中准确的关键步骤。请受众或领域专家检查译者的工作成果，以确保它满足领域的专业要求。

总之，处理特定领域术语需要专业知识、资源和谨慎的态度。确保译者的翻译和沟通在特定领域中准确无误，这有助于确保信息的准确传达并维护专业性。

（五）多义词处理

处理翻译中的多义词是翻译工作中的常见挑战之一。为了确保准确地翻译，应根据上下文选择最适合的含义。以下是一些处理多义词的建议：在翻译时，首先要仔细理解原文的上下文。了解整个句子或段落的内容可以帮助译者确定多义词的正确含义。有时候，查找词典或参考资料可以帮助译者确认一个词的多个可能含义，并找到与上下文最匹配的含义。如果原文中的多义词是双关语（一种故意的多义表达方式），则需要注意这种表达方式，并确保翻译中保留相同的双关效果。语法结构可以提供关于多义词的线索。某些词义可能与特定语法结构搭配。如果译者选择了一个多义词的含义，但后续上下文表明这个选择不正确，那么译者可能需要在后面的翻译中进行修正，以保持一致性。请其他翻译专业人员或母语人士审查译者的翻译，以确保多义词的处理是准确的。外部反馈可以提供有关翻译的重要信息。最终的翻译应具有可交流性，即使读者或受众不了解原文的多义词，他们仍然能够理解翻译的意思。总之，处理多义词需要上下文理解和灵活性，以确保翻译的准确性和流畅性。在翻译过程中，不断检查上下文，并与相关资源和人员合作，以确保译者选择的含义是最合适的。

二、词组和短语翻译

（一）固定词组保持完整

在翻译中保持固定词组和短语的完整性是非常重要的，因为这有助于保持原文的意思和表达方式。以下是一些关于固定词组保持完整性的注意事项。

1. 了解常见固定词组

了解目标语言中的常见固定词组和短语是进行翻译工作的重要一步。以下是一些方法，可以帮助译者了解和掌握这些固定词组：使用语言学习资源，如语言课程、词汇书籍和在线语言学习平台，以查找和学习常见的固定词组和短语。使用在线或实体的语言工具和词典，这些资源通常包括常见的固定词组和短语的解释、用法示例。通过阅读目标语言的书籍、文章和获取相关的音频或视频内容，可以了解常见固定词组的使用方式。注意在不同语境中出现的固定词组。了解这些短语在特定语境中的含义和用法。与目标语言的母语人士进行交流，向他们请教常见的固定词组和短语。他们可以提供实际的用法示例和建议。理解目标语言所属文化的习惯用语和俚语，因为这些也可能包含在固定词组中。背诵和练习常见的固定词组，以帮助记忆和正确使用它们。在翻译练习中，要特别关注固定词组的翻译，以帮助译者更好地理解它们的用法和翻译方式。阅读经验丰富的翻译家的作品，观察他们如何处理和翻译固定词组。记住，了解常见的固定词组需要时间和实践。随着译者不断积累经验，会更加熟悉目标语言中的这些短语，并能够更自信地进行翻译工作。同时，保持对目标语言的学习和探索，以不断提高翻译技能。

2. 不要分解

不要分解是非常重要的翻译原则，尤其是当涉及固定词组和短语时。分解这些短语可能导致意思不清或不准确的翻译。以下是一些示例，说明为什么不要分解固定词组：

举例：英语中的固定词组“break the ice”，意思是“打破僵局”或“破冰”。如果将其分解为“break”和“the ice”并逐个翻译，可能会失去原本的意思。

分解翻译：破坏 / 打破，冰。

正确翻译：打破僵局。

失去惯用含义：固定词组通常具有特殊的惯用含义，分解翻译可能会导致丧失这种含义。

固定词组：kick the bucket。

分解翻译：踢，水桶。

正确翻译：去世，死亡。

破坏语法和连贯性：分解固定词组可能破坏句子的语法结构和连贯性，使其不顺畅或难以理解。

固定词组：at the drop of a hat。

分解翻译：在，下，一顶帽子。

正确翻译：随时，毫不犹豫。

失去文化特色：一些固定词组包含文化特色或习惯用法，分解翻译可能导致失去这些文化元素。

固定词组：speak of the devil。

分解翻译：说，魔鬼。

正确翻译：说曹操，曹操到。

因此，在翻译过程中，对于固定词组和短语，应尽量保持其完整性，以确保翻译的准确性和自然流畅。这需要对目标语言的习惯用法和语境有深入了解，以正确地传达原文的含义和表达方式。

3. 语法和语气一致

保持固定词组和短语的语法和语气一致是确保翻译准确性和自然流畅的关键要素。以下是一些示例，说明为什么语法和语气的一致性很重要：

语法一致性。固定词组和短语通常具有特定的语法结构，在翻译过程中，应保持这种语法结构，以确保翻译的句子在语法上是正确的。例如：

固定词组：take into account。

一致性翻译：考虑到。

固定词组：by and large。

一致性翻译：总的来说。

语气一致性。固定词组和短语通常带有一种特定的语气，如正式、非正式、幽默等。在翻译中，应保持相同的语气，以传达原文的情感和风格。例如：

固定词组：break a leg（幸运的祝愿，通常在演出前使用）。

一致性翻译：祝你好运。

固定词组：beat around the bush（回避直接问题）。

一致性翻译：绕弯子说。

上下文考虑。固定词组和短语的语法和语气也受上下文影响。在翻译时，要考虑上下文，确保翻译的表达方式适合上下文情境。

固定词组：cut to the chase（直截了当）。

一致性翻译：切入正题。

固定词组：cut a long story short（长话短说）。

一致性翻译：长话短说。

在进行固定词组和短语的翻译时，应注意其语法结构、语气和上下文，以确保翻译在语言和文化上保持一致。这有助于传达原文的意思和情感，同时使翻译更加自然流畅。

4. 文化适应

文化适应在翻译固定词组和短语时非常重要，因为在不同文化背景下，相同的表达方式可能会有不同的理解或接受程度。以下是一些文化适应的重要方面：要了解目标受众的文化特点，包括语言、价值观、习惯和信仰，这有助于避免翻译中可能引起冒犯或误解的元素。俚语和谚语通常具有特定的文化背景和含义。在翻译中，要注意避免字面翻译，而是选择与目标文化相关的等效表达。不同文化对于礼貌和尊重的表达方式有所不同，在翻译中，要确保使用适当的礼貌用语，以避免冒犯。某些符号和象征在不同文化中可能具有不同的意义。在翻译中，要谨慎处理这些元素，以确保它们不会产生误解。文化比喻通常根据文化传统和历史而变化。要谨慎使用这些比喻，以确保它们在目标文化中有意义。如果翻译用于市场营销或广告，要考虑目标市场的文化特点，以确保广告能够吸引受众并与他们产生共鸣。某些地区可能有多种官方语言或使用多种语言，在这种情况下，要确保翻译适用于多语言文化背景。翻译固定词组和短语之前，最好获取来自目标文化受众的反馈，以确保翻译是准确的、自然的，并且适应文化。文化适应是翻译中不可忽视的重要因素。它有助于确保翻译能够在不同文化背景下传达正确的意思，避免引起误解或冒犯，并提供更好的交流效果。

总之，保持固定词组和短语的完整性是翻译工作中的一个基本原则，这有助于确保翻译保持原文的含义和表达方式，使受众更容易理解。同时，要在翻译过程中注重上下文和语法的一致性，以确保翻译质量。

（二）文化习惯用语

了解目标文化的习惯用语和俚语对于翻译工作非常重要。这些表达方式通常在特定社交和文化背景中使用，可能无法直接翻译成其他语言。以下是在处理文化习惯用语时应考虑的一些关键原则：文化习惯用语和俚语通常不应该直译，因为直译可能导致混淆或意思丧失。相反，翻译人员应该尝试传达习惯用语的含义和情感。在翻译文化习惯用语时，要寻找目标语言中的等效表达。这可能是一个类似的习惯用语或一个表达相同概念的短语。习惯用语的含义通常依赖于使用它们的情境，在翻译时，要考虑到原文中的情境，以确保选择的表达方式与之相符。不同地区可能有不同的习惯用语和俚语，要了解目标受众所在地区的习惯用语，以避免使用不恰当或不通用的表达方式。某些习惯用语可能具有冒犯性或不适当的性质，在翻译时要谨慎处理，确保不会引起误解或冒犯。可能的话，与目标受众互动并获取反馈，以了解他们对翻译的理解和感受。参考目标文化的媒体、文学和流行文化，以了解常见的习惯用语和俚语。有时候，习惯用语和俚语涉及特定领域或行业，要了解目标领域的相关表达方式。总之，处理文化习惯用语和俚语时需要敏感和谨慎。翻译人员应努力保持原文的情感和含义，同时适应目标文化的表达方式，以确保翻译在不同文化背景下具有准确性和自然性。

三、词汇调整

（一）补充文化信息

补充文化信息是翻译中的重要原则之一，特别是当原文中包含文化引用或文化元素时。以下是一些关于如何在翻译中补充文化信息的实践方法：在译文中添加注释或脚注，解释原文中的文化引用或习惯用语，这可以帮助读者更好地理解文本，并提供相关的背景信息。在译文中进行文化对比，将原文中的文化元素与目标文化元素进行对比，以便读者能够理解差异和含义。在翻译文本的附注部分添加文化信息，这可以为读者提供有关原文文化元素的额外信息。在翻译前或翻译后提供一些上下文介绍，包括作者、时代、地点和文化背景的信息，这可以帮助读者更好地理解文本的文化背景。在文本中插入相关的图片或插图，以展示文化元素或场景，这可以通过视觉方式传达文化信息。使用解释性短语来描述原文中的文化元素，而不仅仅是直译，这可以帮助读者更好地理解含义。使用目标文化的类比或相似元素来替代原文中的文化引用，在文本中添加文化说明书，解释文化元素的历史、背景和意义，这可以在翻译中提供深入的文化信息。总之，补充文化信息是确保翻译准确性和读者理解的关键步骤，它有助于克服文化差异和语言障碍，使翻译更加贴近原文的含义和情感。在进行文化补充时，翻译人员应根据目标读者的背景和需求，选择合适的方法。

（二）省略不必要的细节

省略不必要的细节是翻译和写作中的重要原则之一，它有助于确保文本的清晰性和效率。以下是一些关于如何省略不必要的细节的实践方法：翻译或写作之前，要清楚理解文本的主题和关键信息，这有助于确定哪些细节对于传达主要信息是必要的，哪些可以省略。考虑读者的需求和背景，根据读者的背景知识和兴趣，决定哪些细节对他们来说是重要的。使用简洁、明了的语言表达主要观点和信息，避免使用冗长、复杂的句子和描述。确保句子结构清晰，避免不必要的从句和修饰语，精简的句子更容易理解。在适当的情况下，可以使用摘要或总结来代替冗长的详细信息，这可以帮助读者快速理解关键信息。使用强调、重点句或列表等方式来突出重要信息，以便读者能够更容易地识别。避免在文本中重复提到相同的信息或观点，一次清晰的表达是足够的。在省略细节时，要确保不会破坏文本的上下文和连贯性，信息的省略应该是上下文合理的。目标是传达文本的核心思想和主要信息，而不是提供所有细节。在完成翻译或写作后，进行审查和编辑，以确保文本中没有不必要的细节。

总之，省略不必要的细节是有效传达信息和提高文本清晰度的关键步骤，这需要作者或译者的判断和技巧，以便在保留重要信息的同时，使文本更易于理解和消化。

四、情感和语气传达

（一）保持情感色彩

在翻译过程中保持原文中的情感色彩是一项重要的任务，因为情感可以增强文本的表现力和感染力。以下是一些关于如何保持情感色彩的实践方法。

1. 理解作者的情感

理解作者的情感是有效翻译的关键部分，以下是一些方法和步骤，有助于深入理解原文中的作者情感：仔细阅读原文，多次阅读以确保对内容和情感的理解，注意作者在文本中表达情感的具体方式。注意原文中作者使用的词汇，一些词汇可能带有明显的情感色彩，如积极、消极或中性，这些词汇可以帮助译者确定作者的情感倾向。考虑作者的语气和语境，语气可能通过对话的方式、语气标点符号（如惊叹号或问号）以及句子结构来表达。语境是理解情感的关键，因为它提供了关于作者表达特定情感的背景信息。作者可能使用各种修辞手法来表达情感，如比喻、隐喻、排比等，这些手法通常用于强调情感或传达复杂的感情。分析原文所处的上下文，包括文本的整体主题和目的，情感通常与文本的整体内容和目的紧密相关。可能的话，查阅关于作者和原文的背景信息，以获得更深入的理解。了解作者的生平、文化背景和写作动机可能有助于理解情感。与其他翻译专业人士或学者讨论原文的情感表达，他们可能提供有关情感更深层次的见解。尝试从不同的角度和观点来理解情感，一个人可能有多种情感，或者情感可能在文本中有变化。

2. 选择恰当的词汇

选择恰当的词汇是翻译中关键的一步，特别是在传达情感时。以下是一些方法，可以帮助译者选择与原文情感相符的词汇：熟悉目标语言中与各种情感相关的词汇。这包括积极情感（如喜悦、兴奋）、消极情感（如愤怒、伤心）、中性情感（如平静、无聊）等。情感词汇可能有不同的强度级别。例如，“高兴”和“欢乐”都表示积极情感，但它们的强度不同。选择适合情感强度的词汇。确保所选择的词汇在语义上与原文中的词汇匹配。词汇的意义应该与原文中表达的情感意图相符。一些翻译工具和资源包括情感词典，可以帮助译者找到与特定情感相关的词汇。这些词典列出了一系列词汇，以及它们的情感倾向。确保所选词汇在上下文中合适。有时，情感的表达需要考虑整个句子或段落的语境。翻译后，反复审查翻译文本，确保它传达了正确的情感。有时，译者可能需要进行多次修改，以达到最佳效果。可能的话，咨询母语人士，他们可以提供有关情感表达的专业见解和建议。不断练习和接受反馈，以增强选择情感词汇的能力。通过积累经验和反馈，译者可以更好地理解情感的表达方式。记住，情感翻译是一门艺术，需要时间和实践来掌握。通过不断提高对情感的理解和适当的词汇选择，译者可以更准确地传达原文中的情感。

3. 保持语气一致

保持语气一致是翻译中的重要原则，特别是在传达情感和作者意图时。以下是一些方法：深入理解原文的语气。原文可能具有不同的语气，如激情、正式、幽默、严肃等。确保译者准确地捕捉到原文的语气。根据原文的语气，选择适合的词汇来传达相同的情感和语气。不同的词汇可以传达不同的语气，因此选择恰当的词汇至关重要。语法结构和句式也可以影响语气。确保翻译中的句子结构和语法与原文相符，以保持一致性。有时候，不同的文化对语气有不同的理解。要考虑目标文化的语言习惯，以确保翻译在目标文化中具有相似的语气。修辞手法，如比喻、隐喻和排比等也可以影响语气。了解原文中的修辞手法，并在翻译中尽量保留它们。完成翻译后，反复审查文本，确保语气一致。有时，需要多次修改和调整，以确保达到最佳效果。保持语气一致对于传达原文的情感和作者意图非常重要。通过仔细分析原文，选择适当的词汇和语法结构，并考虑文化因素，可以更好地保持语气一致。

4. 使用修辞手法

在翻译教学中使用修辞手法可以增强情感的表达，使译文更具吸引力和感染力。以下是一些修辞手法以及如何在翻译中应用它们的示例：

比喻（Metaphor）：比喻是将一个事物与另一个不同的事物进行比较，以传达特定的含义或情感。在翻译中，你可以尝试将原文中的比喻保留，并在目标语言中使用相似的比喻，以保持情感的一致性。

原文：她的微笑是阳光。

译文：Her smile is sunshine.

排比（Parallelism）：排比是通过重复相似的语法结构或短语来强调某个点。在翻译中，译者可以努力保持排比的结构，以保留原文的情感强调。

原文：We came, we saw, we conquered.

译文：我们来了，我们看到了，我们征服了。

夸张（Hyperbole）：夸张是一种夸大事物或情况的修辞手法，通常用于强调某个概念或情感。在翻译中，译者可以尝试在目标语言中使用类似的夸张来传达原文中的情感。

原文：这是世界上最美丽的地方。

译文：This is the most beautiful place in the world.

对比（Antithesis）：对比是将两个相对或对立的概念放在一起，以突出它们之间的差异。在翻译中，译者可以保持对比的结构，以确保情感的对比得以传达。

原文：自由与束缚，爱与仇恨。

译文：Freedom and confinement, love and hatred.

修辞问句（Rhetorical Question）：修辞问句是一种不要求回答的问题，通常用于引起读者或听众的思考。在翻译中，译者可以保留原文中的修辞问句，以激发目标受众的思考和情感共鸣。

原文：谁会忘记这个美丽的瞬间呢？

译文：Who would forget this beautiful moment?

通过使用这些修辞手法，译者可以增强翻译的情感表达，使译文更具有吸引力和感染力，同时保持原文的情感特点。然而，要确保修辞手法在目标语言中能够自然地传达相同的情感。

5. 保留情感词汇

保留情感词汇是翻译中的重要原则之一，特别是当原文中包含情感或情感色彩时。通过保留这些情感词汇，可以更准确地传达作者的情感意图，表现原文的情感氛围。以下是一些示例情况，说明何时保留情感词汇是有益的：如果原文中包含强烈的情感，如喜悦、愤怒、悲伤等，尽量保留原文的情感词汇，以确保翻译传达相似的情感。在翻译文学作品或诗歌时，情感词汇常常是作者表达情感和主题的重要手段。保留这些词汇有助于保持原文的文学价值和情感深度。在广告和宣传文本中，情感词汇通常用于引起读者的情感共鸣。保留这些词汇有助于保持广告的情感吸引力。一些文化或历史文本中包含了特定情感词汇，这些词汇反映了文化和历史事件的情感维度。保留它们有助于保持文本的文化和历史准确性。然而，需要注意的是，保留情感词汇并不意味着字面翻译，而是要确保在目标语言中使用与原文情感相符的词汇。翻译人员应该在尊重原文情感的基础上，根据目标语言的语境和文化特点选择适当的词汇和表达方式，以确保翻译传达相似的情感。在一些情况下，可能需要创造性地调整文本，以使情感词汇在目标语言中保持情感效果。

6. 注意语法和语调

语法和语调在翻译中扮演着至关重要的角色，特别是在传达情感时。以下是一些关于在翻译中注意语法和语调的要点：确保目标语言的句法结构与原文一致，这有助于保持句子的流畅性和清晰度。不一致的语法结构可能会导致读者误解或感到困惑。语调是表达情感的重要元素之一。在翻译时，要确保目标语言中使用的词汇和语气与原文的情感和语气相匹配。例如，如果原文中使用了幽默的语气，翻译也应该保持幽默感。语法和语调的选择应考虑到上下文。有时，同一句话在不同的上下文中可能需要使用不同的语法结构或语气，以传达不同的情感。了解目标受众的语言习惯和文化背景对于确保语法和语调的一致性非常重要。不同文化可能对语法和语调有不同的期望。进行翻译后，反复校对是确保语法和语调一致性的关键步骤。多次审查翻译文本，特别关注语法错误和语调问题。专业的翻译工具和软件可以帮助翻译者确保语法一致性。这些工具通常具有语法检查和校正功能。总之，语法和语调在情感的传达中起着关键作用，因此在翻译过程中要特别注意，以确保翻译能够准确、清晰地传达原文的情感。

7. 请教母语人士

请教母语人士在情感表达的翻译中是非常有价值的。母语人士能够更好地理解和感受原文中的情感，因此他们的意见可以帮助确保翻译传达了相似的情感色彩。以下是一些请教母语人士的方法：在翻译工作中雇用目标语言为母语的校对者。他们可以检查翻译的准确性和情感的传达，并提供建议和修改。与母语者讨论翻译，并听取他们的反馈。他们可能能够指出哪些部分的情感表达需要改进，或提供更自然的表达方式。如果有机会要与母语教师合作，他们可能能够提供有关情感表达的宝贵见解。教师通常对语言的细微差异有深入的了解。加入专门的翻译社区或论坛，与其他翻译人员和母语人士交流经验和知识。这些社区可以为你提供反馈和建议。如果有可能，参加目标语言的语言课程。这有助于更好地理解语言的语调、语气和情感表达。如果有懂目标语言的朋友或同事，向他们请教，让他们审阅你的翻译并提供反馈。请教母语人士是提高情感表达准确性的重要步骤。母语人士的见解可以帮助你更好地理解目标语言中情感的细微差异，并确保你的翻译传达了原文中的情感意图。

（二）调整语气

调整语气是翻译中的重要考虑因素，因为不同的语境和受众可能需要不同的语气。以下是一些调整语气的方法：在正式文档、学术论文或商务文件中，通常需要使用正式语气。这包括使用尊敬的称呼、避免俚语和口头语，以及采用更正式的词汇和结构。非正式语气通常在亲近的社交场合或非正式文件中使用。它可以更接近口语，包括俚语、缩写和更轻松的词汇。友好语气适用于与朋友、同事或非正式受众的交流。它通常更加轻松和亲切，反映出亲近感和友好态度。在特定领域或行业中，需要使用专业语气。这可能涉及特定的专业术语、缩写和表达方式，以确保准确性和专业性。在某些情况下，中性语气是最合适的选择，特别是在旨在传递事实和信息而非情感或态度的文本中。中性语气应该尽可能客观和不带有情感色彩。在进行翻译时，翻译人员应该仔细考虑原文的语气以及目标文体和受众。适当调整语气可以确保翻译更符合文本的目的和特点，并使其更容易被理解和接受。同时，保持语气的一致性也是重要的，以确保整个文本的连贯性。

五、考虑语音和韵律

（一）押韵和韵脚

押韵和韵脚在翻译诗歌和歌词等文本时非常重要，因为它们可以增强原文的韵律和音乐性。以下是在翻译中保留押韵和韵脚的一些方法：尽量寻找与原文中押韵词相似的同音词或近音词，以保留音韵结构。这可能需要在目标语言中进行创意性的选择，以找到最佳匹配。在翻译中尝试模仿原文的音韵结构。这包括保持词汇的相似度，使目标语言中的句子与原文具有相似的韵律。有时候，原文中的押韵词可能没有直接的同音词或近音词。在这种情况下，可以考虑使用同义词或近义词，以保持韵脚的一致性。尝试在目标语言中调整句子的语序，以便押韵词出现在适当的位置。这可能需要重新构思句子，以确保音韵结构得以保留。在某些情况下，由于目标语言的限制或翻译的困难，保留押韵可能会导致意思丧失。在这种情况下，可能需要放弃押韵，以确保翻译的准确性和通顺性。尽管保留音韵结构很重要，但不要牺牲原文的意义。翻译的首要目标是传达作者的意图和情感，因此请确保押韵不会损害文本的意思。总之，在翻译涉及音韵元素的文本时，需要平衡保留原文的韵律和意义。这可能需要一些创造性的解决方案，以确保翻译在目标语言中仍然具有音乐性和诗意。

（二）检查一词多义

检查一词多义是翻译过程中的关键步骤，以确保翻译的准确性和表达一致性。以下是一些处理一词多义的方法和注意事项：仔细阅读原文上下文，以确定一词多义的确切含义。通常，上下文可以提供关于如何翻译特定词汇的线索，选择与上下文最匹配的翻译。使用词义消歧工具，这些工具可以帮助确定一个词语在特定上下文中的最匹配的含义。一些在线翻译工具和字典提供了词义消歧的功能。查阅多语言词典，以了解特定词汇的各种可能含义。多语言词典通常提供了上下文示例，有助于理解不同含义的使用情况。考虑译文的目标受众，选择一个在目标文化和语境中更为常见或合适的词汇。有时候，词汇的含义可能因文化差异而有所不同。如果有疑问，咨询专业人士，如双语人士或翻译专家，以获取建议。将文本分成逐句或逐段，逐一处理一词多义现象，这可以帮助确保每个词汇的翻译都是在特定上下文中合适的。请同行或他人审阅你的翻译，特别是那些熟悉原文和目标语言的人。他们的反馈可以帮助识别潜在的一词多义问题。在翻译过程中保持灵活性，如果在后续检查中发现了更合适的翻译，立即进行修正。总之，处理一词多义问题需要仔细分析和考虑，以确保翻译的准确性和连贯性。结合上下文、翻译工具和专业建议可以帮助解决这些问题。

六、使用工具

使用翻译工具和词典可以在一定程度上帮助翻译工作，但要确保正确和自然地翻译仍然需要人工干预。以下是一些关于如何使用翻译工具和词典的建议：不同的翻译工具和词典有不同的作用和限制，理解它们的工作原理和局限性对于得到准确的翻译非常重要。不要过于依赖这些工具，而是将它们视为辅助工具。即使使用翻译工具，也要始终进行双重检查。查看翻译结果是否符合上下文和语法规则，以确保准确性和自然性。翻译不仅仅是单词的替换，还包括考虑上下文和语境。确保翻译的内容在特定语境中合适。许多词语具有多种含义，因此需要根据上下文选择正确的词义。翻译工具可能会提供多个选项，要仔细考虑哪一个最适合。有时候，翻译工具可能会过度翻译，将原文的意思过度夸大。要确保翻译保持简洁和准确。使用翻译工具和词典的过程中，将其视为学习的机会。了解常见的翻译错误和挑战，并不断改进翻译技能。对于重要的翻译任务，考虑寻求人工干预。人工翻译者可以更好地理解上下文、情感和文化因素，从而提供更准确的翻译。如果经常从事特定领域的翻译工作，建立一个术语库可以帮助译者更准确地翻译特定领域的术语。翻译工具和词典可以是有用的辅助工具，但它们不应该取代人工的翻译和判断。在翻译工作中，保持谨慎和注意力，以确保译文的准确性、自然性和适应性。

总之，词汇层面上的翻译技巧需要综合考虑语言、文化、上下文和目标受众等因素。翻译者的感知与判断能力在选择合适的词汇和短语以及传达原文的情感和含义方面起着关键作用。通过灵活运用这些技巧，译者可以创造出贴近原文并适应目标文化和受众的译文。

第二节　句子层面上的翻译技巧和方法

句子层面上的翻译技巧和方法对于确保翻译的准确性和自然性至关重要。以下是一些句子翻译的技巧和方法。

一、理解上下文

理解上下文是进行准确翻译的关键。以下是一些关于理解上下文的技巧和方法。

（一）阅读全文

阅读全文是翻译中非常重要的一步，它有助于理解文章的完整含义和上下文。以下是一些在阅读全文时应考虑的重要事项：确定文本的主题是首要任务。了解文章在讲述什么，作者想要传达什么信息，以及目标受众是谁。除了主题，注意文本中表达的情感和语气也很关键。这有助于确定如何更好地传达情感色彩和语气。考虑文本在整个上下文中的地位。有时，文本可能是一个更大主题的一部分，了解这一点有助于更好地理解其含义。确定文本中的关键信息和要点。这有助于确保在翻译中不会丢失重要的内容。如果文本包含专有名词或特定领域的术语，确保理解它们的含义和上下文。文本的段落结构可以提供关于主题的线索。每个段落可能包含一个不同的子主题。查看文本中的重复和强调，这些元素可能反映作者的意图。如果有不明白的地方或需要进一步解释的内容，记得做好标注，以便在后续的翻译过程中能够解决这些问题。总之，阅读全文是确保准确翻译的关键一步，因为它能帮助翻译人员更好地理解原文的含义和作者的意图。这种理解对于产生准确、流畅的翻译至关重要。

（二）段落分析

段落分析是进行句子翻译时非常重要的一项技巧，它有助于更好地理解文本的上下文和语境。以下是一些关于段落分析的关键要点：确定段落的主题或中心思想。这可以通过阅读段落的第一句或主题句来实现，该句通常包含段落的主要思想。观察段落中句子的排列顺序和结构。段落通常以主题句开始，然后由支持性句子或例证句子来展开和解释主题。注意段落中使用的连接词和过渡词。这些词语可以提供句子之间的逻辑关系，帮助理解段落的组织。将要翻译的句子放置在其所在段落的上下文中。确保翻译的句子与前后句子保持一致，以便传达段落的整体意义。注意段落中的关键词和重要概念。这些关键词可以帮助译者更好地理解段落的核心内容。考虑段落的目的。它是用来描述、解释、对比还是支持主题的？理解段落的目的有助于正确传达的句意。确保翻译的句子与段落的连贯性一致。这意味着翻译应该与段落的语气、风格和语法结构相符。通过段落分析，译者可以更全面地理解原文的上下文，有助于准确翻译句子并保持段落的完整性和连贯性。这对于有效传达作者的意图至关重要。

（三）关键词识别

关键词识别是进行翻译的重要步骤，它确保了翻译的准确性和一致性。以下是一些关于如何进行关键词识别的方法：进行关键词识别之前，首先阅读整个文本。这有助于译者理解文章的主题和目的。确定句子或段落中的核心概念和主题，这些通常是最重要的关键词，其翻译需要特别关注。对于涉及特定领域或行业的关键词，查找其在目标语言中的准确定义。这有助于确保关键词的准确翻译。关键词的含义可能会因上下文而变化。确保考虑到句子中其他词汇和语境，以便选择最合适的翻译。使用语言词典、专业词汇表和参考资料来查找关键词的翻译。这可以帮助译者确保词汇的准确性。如果可能的话，与目标语言的母语人士讨论关键词的翻译。母语人士通常可以提供有关词汇选择的宝贵建议。一些词汇可能具有多重含义或涉及专业术语，对于这些词汇，要格外小心，并确保选择适当的翻译。在文本中的不同部分使用相同的翻译来保持一致性，这有助于读者更好地理解文本。

（四）主题和语境

考虑文章的主题和语境是进行有效翻译的关键因素之一。了解主题和语境有助于理解作者的意图、情感和信息传达方式，从而更好地进行翻译。以下是一些在考虑主题和语境时的重要注意事项：确定文章的主题是什么，主题通常是文章所讨论或描述的中心思想，了解主题可以帮助译者更好地把握文章的核心内容。查找和理解文章中的关键词和术语，这些关键词可能与主题直接相关，因此需要特别关注。阅读整个文章或段落，以获得上下文信息，上下文可以提供关于特定词语、短语或句子含义的线索。注意文章中的语法结构和句法，不同的语法结构可以影响句子的含义，因此需要对其进行仔细分析。考虑作者在文章中传达的情感，作者可能使用一定的语言和修辞手法来表达情感，这需要在翻译中得以保留。如果文章涉及特定文化背景的内容，要考虑这些文化因素，某些概念和习惯用语在不同文化中可能有不同的含义。了解文章的预期目标受众是谁，不同的受众可能需要不同的翻译方式，包括语言水平、专业知识等方面的考虑。尝试捕捉和保留作者的声音和风格，一些作者可能具有独特的写作风格，这应该在翻译中得以体现。最终目标是传达文章中的信息，而不仅仅是字面翻译，确保译文能够传达作者想要表达的意思。在考虑主题和语境时，译者需要进行深入的分析和解释，以确保翻译是准确的、流畅的，并能够保持作者的意图和风格，这对于有效地传达原文的信息至关重要。

（五）逻辑关系

分析句子之间的逻辑关系是进行句子翻译时的重要步骤，可以帮助确保译文在语法和语义上保持一致。以下是一些常见的句子间逻辑关系以及在翻译中应考虑的因素：当句子之间存在因果关系时，需要确保在翻译中传达这种关系。适当的连词可以帮助表达因果关系。例如，如果原文句子表达原因，那么翻译应该清楚地传达这个原因。对比关系涉及将两个或多个元素进行比较，在翻译中，要注意使用适当的对比词汇和结构，以反映原文中的对比关系。当句子描述事件或行动的时间顺序时，翻译应该保持这种顺序的清晰性。使用时间词汇和时态来传达时间关系。条件句通常包括“如果……，那么……”的结构，需要在翻译中保持条件关系的清晰性，以确保句子的意思不会失真。某些句子描述某事发生的目的或结果，在翻译中，要确保目的和结果与原文一致。有时候，句子之间的关系是互相补充的，一个句子提供了另一个句子的信息，在翻译中，要注意在译文中保持这种补充关系。有些句子描述了意外或与前文不一致的情况，在翻译中，要传达这种转折关系，以确保句子的逻辑流畅性。考虑这些逻辑关系可以帮助确保译文不仅在语法上准确，还要在语义上与原文保持一致。同时，翻译者应该根据不同的逻辑关系选择适当的翻译策略和词汇，以更好地传达原文的意思。

（六）背景信息

获取有关文本的背景信息是进行翻译工作的关键步骤之一，因为它可以提供更多关于文本的信息。以下是一些获取背景信息的重要方面：了解文本的作者是谁，以及他们的背景、专业领域和写作风格等信息，这有助于理解作者的意图和写作背景。考虑文本的预期读者群体，不同的读者可能对文本有不同的理解和期望，因此理解目标读者是重要的。文本的出版日期可以提供有关文本撰写的时代背景和相关事件的信息，这对于理解文本的历史和文化上下文非常重要。如果文本涉及特定地点或文化背景，了解相关信息可以帮助翻译更好地传达文本的意义。文本的类型也很重要——是一篇新闻报道、学术论文、小说还是其他类型的文本？每种类型都有其独特的写作风格和目的。获取文本在整个作品或话题中的上下文信息，以便理解句子和段落的意义。文本中可能包含特定领域或地区的习惯用语和专业词汇，了解这些词汇的含义和用法对于准确翻译非常重要。尝试理解作者编写文本的原因和意图，这可以通过分析文本的主题、语气和语境来实现。有时候，查阅与文本相关的背景材料、评论或研究可以获取更多关于文本的信息。获取这些背景信息可以帮助译者更好地理解文本，以便更准确地翻译内容，并确保翻译能够传达原文的意义和情感。

（七）多种译法

理解上下文并考虑多种译法是进行有效翻译的重要步骤。以下是一些关于如何在多种译法中选择适合的翻译的建议：仔细阅读和理解原文所在的上下文。了解原文的主题、目的和情感背景是至关重要的，这将有助于译者更好地理解作者的意图。确定原文中的关键词，这些词汇通常是句子的核心。确保关键词的翻译在目标语言中具有相同或相似的含义和语法结构。考虑原文的文体和语气，如正式、非正式、幽默等。选择的翻译应与原文在这些方面保持一致。查阅词典、参考书籍或在线资源，以获取更多关于特定词汇或短语的含义和用法信息。进行反复校对和审查，以确保翻译的流畅性和自然性。有时候，将翻译留置一段时间，然后回顾，可以帮助译者更客观地评估其质量。可能的话，寻求其他翻译专家或母语人士的反馈，他们可以提供有价值的意见和建议，帮助译者选择最佳的翻译。确保多义词在上下文中有清晰的解释，以避免歧义。同时，考虑文化因素，确保翻译在目标文化中合适。有时，翻译需要一定的创意，在保持准确性的前提下，不要害怕对翻译进行微调，以更好地传达原文的情感和意义。选择最适合的翻译通常需要综合考虑多个因素，并在尊重原文的基础上传达作者的意图，这需要翻译者的专业知识和判断力。

二、保持语法结构一致

保持语法结构一致是翻译中的重要原则之一。以下是一些关于如何保持语法结构一致的建议：尽量保持目标语言的词序和语序与源语言一致。这意味着在翻译时要尽量按照相同的语法结构来表达句子。例如，如果源语言中是主语—动词—宾语的结构，尽量在目标语言中保持相同的结构。根据需要保持时态和语态的一致性，如果源语言中使用了特定的时态或语态，尽量在目标语言中选择与之相匹配的时态或语态。确保在翻译中主语和谓词的一致性，这包括动词的单复数形式、人称和时态。如果源语言中使用了名词性质(如定冠词、不定冠词、名词性从句等)，尽量在目标语言中保持相同的名词性质。使用适当的连接词和连接词结构，以确保句子之间的连贯性和逻辑一致性。如果源语言中包含了从句（如定语从句、状语从句等），尽量在目标语言中使用相似的从句结构，以保持语法结构的一致性。在涉及列表或并列元素时，使用平行结构，确保相似的元素具有相似的语法结构。在翻译中注意修辞的一致性。如果源语言中使用了修辞手法（如排比、对仗等），尽量在目标语言中保持类似的修辞结构。考虑目标语言的语法结构是否符合上下文的需要。有时，为了更好地适应目标语言的语法，可能需要微调翻译。总之，保持语法结构一致是确保翻译自然、准确和易于理解的关键因素之一。在翻译过程中，仔细考虑语法要求，同时确保与文本的整体语境一致，可以帮助实现这一目标。

三、考虑语法和语序

考虑语法和语序是进行有效翻译的关键因素之一。不同语言之间的语法结构和语序常常不同，因此在进行翻译时需要特别注意。以下是一些考虑语法和语序的技巧和方法。

（一）了解目标语言的语法规则

了解目标语言的语法规则是进行有效翻译的关键。以下是一些在了解目标语言的语法规则时应考虑的方面：了解目标语言中名词、动词、形容词、副词等词类的用法和变化规则，这包括单复数、时态、语态、词性变化等方面。熟悉目标语言中不同类型的句子结构，如陈述句、疑问句、条件句、从句等。了解它们的构建方式和语序。了解目标语言中的时态和语态，以确保准确表达动作的时间和主语的状态。了解词汇的不同形式和用法，包括词形变化、时态变化、情态动词等，这有助于选择正确的翻译词汇。掌握目标语言中冠词和介词的用法，以确保名词短语和介词短语的正确构建。了解目标语言中的连词和连接词，以便在句子中建立逻辑关系和连接思想。确保在目标语言中保持主谓一致，以避免句子结构不合理。理解目标语言中的语法修饰，如形容词修饰名词、副词修饰动词等，以确保句子通顺和准确。了解目标语言中虚拟语气和间接引语的使用方式，以便在需要时正确表达虚拟条件和引述他人的话语。熟悉学习者通常容易犯的语法错误，以便在翻译中避免这些错误。通过深入了解目标语言的语法规则，译者可以更准确地传达原文的意义和信息。此外，使用语法参考书、语法指南和语言学习资源可以进一步提高对目标语言语法的理解。

（二）保持句子结构的一致性

保持句子结构的一致性是翻译中的重要原则，因为它有助于确保翻译的准确性和可读性。如果原文中是主语—谓语—宾语的结构，译文中也应保持相似的结构，以确保信息的传达不受干扰。以下是一些关于保持句子结构一致性的技巧：开始翻译之前，深入理解原文句子的结构，包括主语、谓语和宾语。这有助于你在译文中保持相似的结构。在译文中选择适合的词汇和短语，以保持句子结构的一致性。避免在译文中引入不必要的成分，以防止句子结构的混淆。特别注意原文中的动词时态和语态，以确保译文中的动词与原文的结构相匹配。例如，如果原文使用了进行时时态，译文中也应使用进行时时态。适当使用连接词和过渡词语，以帮助维持句子结构的一致性。连接词如“而且”“但是”“因此”等可以帮助句子之间的逻辑关系更清晰。在翻译过程中，如果发现原文和译文之间存在结构不一致的问题，要及时进行修正，这可能需要重新构思译文的部分内容，以确保其结构与原文一致。通过仔细考虑原文的结构并在译文中保持一致性，可以更好地传达作者的意图和信息。总之，保持句子结构的一致性对于翻译的质量和可理解性至关重要。

（三）注意动词时态和语态

动词时态和语态是翻译过程中需要特别注意的重要方面。以下是一些相关的技巧和原则：确保目标语言中的动词时态与原文一致。如果原文使用了特定的时态，尽量在译文中保持相同的时态。例如，如果原文使用了过去时，译文也应使用过去时。同样，确保动词的语态一致。如果原文是主动语态，译文也应使用主动语态。如果原文是被动语态，译文也应保持被动语态。深入分析句子和段落的语境，以确定适当的时态和语态。深入了解目标语言的动词时态和语态规则，不同语言可能有不同的规则，如英语的完成时、进行时和被动语态等。翻译时，确保动词时态和语态的调整不会影响句子的流畅性和可读性。有时需要做一些变通，以使翻译更自然。在完成翻译后，进行仔细的审校和核对，要特别注意时态和语态的一致性，这有助于减少错误和提高质量。使用语言参考书或权威语言资源，这些资源可以提供有关目标语言规则的详细信息。时态和语态的正确使用对于翻译的准确性和流畅性至关重要。不合适的时态和语态可能会导致翻译不自然或难以理解。因此，在翻译过程中，始终牢记时态和语态的一致性，并根据语境和目标语言的规则做出适当的调整。

（四）注意代词和指示词

代词和指示词的使用在不同语言中常常有差异，因此在翻译中要格外小心，以确保句子的清晰度和准确性。以下是一些处理代词和指示词的一般原则：代词和指示词的含义通常依赖于上下文。在翻译时，要始终深入理解句子的上下文，以确定正确的代词或指示词的用法。在整个文本中，相同的代词或指示词应该保持一致。如果在原文中使用了某个代词，尽量在译文中使用相同的代词，以避免混淆。指示词通常用于指示特定的对象或位置，确保指示词的使用清晰明了，读者能够准确理解它所指代的内容。不同语言可能有不同的语法规则，尤其是在代词的格和数方面。要了解目标语言的规则，并相应地调整代词的形式。有些代词和指示词的含义可能在不同的上下文中有所变化。要注意上下文变化，以确保正确的翻译。指示词有时可能会引起歧义或混淆。在翻译中，要特别审慎地使用指示词，确保在目标语言中不会引发误解。总之，处理代词和指示词时，要结合上下文、语法规则和语言特点，以确保翻译的准确性和流畅性。这些小的语言细节对于翻译的质量和可理解性至关重要。

（五）调整句子结构以适应目标语言

调整句子结构以适应目标语言的语法规则是翻译中的常见实践。这可以确保翻译的句子在目标语言中是自然且通顺的。以下是一些常见的句子结构调整策略：不同语言可能有不同的词语顺序。在翻译中，译者可能需要改变原文中词语的顺序，以适应目标语言的语法结构。例如，英语中的主语—谓语—宾语结构在其他语言中可能不是首选结构。有时需要在句子中添加或删除语法成分，以符合目标语言的要求。例如，一些语言可能需要明确的主语或宾语，而其他语言则可以省略。在某些情况下，译者可能需要添加连接词或连词，以确保句子在目标语言中具有逻辑关系。例如，将并列句子连接起来，或者添加子句来提供更多的信息。动词的时态和语态在不同语言中可能有差异，确保将动词的时态和语态调整为目标语言的规范。代词和指示词的用法可能因语言而异，在翻译中，要确保使用适当的代词和指示词，以避免歧义。在某些语言中，重要信息可能需要在句子中提前出现，以强调其重要性。在这种情况下，译者可能需要重排句子结构。形容词和副词的位置可能需要根据目标语言的语法规则进行调整。在进行句子结构调整时，务必注意不要改变原文的意思。翻译的目标是在保持意义的同时，使译文自然而通顺，这需要深入了解源语言和目标语言的语法规则，并运用适当的翻译技巧。

（六）避免直译

避免直译是非常重要的翻译原则之一，因为逐字直译可能导致翻译得不自然和不准确。以下是一些避免直译的技巧：在翻译时，始终要充分理解句子的上下文。考虑前后句子和段落的内容，以便更好地把握原文的含义。不要局限于原文的结构，而要根据目标语言的语法规则来重新构建句子。有时需要调整词语的顺序或使用不同的语法结构。着重捕捉原文中的表达方式和语气，而不仅仅是字面意思。这有助于确保翻译更自然地传达原文的情感和含义。寻找目标语言中与原文相似但更自然的表达方式。有时，直接翻译可能不合适，而使用同义词或更常见的短语可以更好地传达含义。一些词汇在不同的语境中可能有不同的意思，要注意避免歧义，确保翻译的准确性。总之，避免直译是提高翻译质量的关键。通过深入理解原文的含义、上下文和表达方式，并灵活运用目标语言的语法和表达方式，可以实现更自然和准确地翻译。

（七）参考优秀译者的作品

参考优秀译者的作品是提高翻译质量的有效方法。通过学习他们的技巧和策略，可以更好地理解目标语言的语法和语序，提高翻译的准确性和自然度。以下是一些利用优秀译者作品来提升翻译技能的方法：将原文与译文一起阅读，仔细比较。注意句子结构、词汇选择、语法和语气等方面的差异，这有助于理解优秀译者是如何应对特定挑战的。仔细分析优秀译者在翻译过程中所做的决策，思考他们是如何处理多义词、文化差异和语法规则的，这有助于学习翻译的策略和技巧。注意译文的流畅性和自然度，了解优秀译者如何确保译文不仅准确，还具有与目标语言一致的流畅性。学习如何处理文化因素，包括习惯用语、俚语、文化引用和隐喻。了解如何在翻译中传达作者的文化背景和意图。注意优秀译者在词汇选择方面的精准性。积累并学习目标语言中常用的专业术语和表达方式。多次阅读优秀译者的作品，反复练习，逐渐提高自己的翻译技能。可能的话，寻求他人的反馈和指导，特别是那些有丰富翻译经验的人，他们可以提供宝贵的建议和指导。总之，通过深入学习和分析优秀译者的作品，可以不断提高自己的翻译水平，更好地应对语法、语序、文化和语境等方面的挑战。总之，考虑语法和语序是翻译中至关重要的一环，它有助于确保翻译的准确性、流畅性和自然性，使译文更容易被目标受众理解和接受。

四、翻译固定词组或短语

正确处理固定词组或短语在翻译中非常重要，因为直译这些表达方式可能会导致不准确或令人困惑的结果。以下是一些处理固定词组或短语的翻译技巧：在原文中，识别出哪些是固定词组或短语的表达方式。这些通常是在特定上下文中具有固定含义或用法的表达方式，不应逐字翻译。深入了解目标语言中与原文固定词组等效的表达方式。这可能需要查阅词典或与母语者交流。尽量保持翻译的表达方式完整，不要分解固定词组或短语。保持其在译文中的完整性，以确保表达的一致性和连贯性。根据翻译的上下文，选择最适合的固定词组或表达方式。有时候，不同的固定词组可能适用于不同的上下文。尽量避免生硬的直译，因为它们可能会导致翻译的不自然或不通顺。优先选择与目标语言文化和语法相符的表达方式。考虑目标文体和语气，选择相应的固定词组或表达方式。正式文体和非正式文体可能需要不同的表达方式。对原文中的固定词组和可能的翻译方式进行多维度比较，包括语法、语境、文化等因素，以确保选择最合适的翻译方式。对翻译进行校对和审查，以确保固定词组的翻译在整个文本中保持一致性。总之，处理固定词组需要深入理解源语言和目标语言的文化和语言特点，以确保翻译的准确性和自然性。在翻译过程中，保持灵活性，并根据上下文和语境选择适当的翻译方式。

五、词义多义性处理

处理词义多义性时，确保根据上下文选择适当的翻译是非常重要的，这有助于确保翻译的准确性和流畅性。以下是处理词义多义性的一些技巧：仔细阅读上下文，特别是前后句子和段落，以理解词语的含义。上下文通常提供关于词语如何在特定语境中使用的线索。使用词汇库和词典，特别是双语词典，以查找词语的不同含义。这可以帮助译者理解所有可能的翻译选项。在选择适当的翻译时，考虑使用同义词或近义词，以更好地捕捉原文中的含义。确保译者选择的翻译不仅在上下文中合适，而且符合目标语言的语法和习惯用法。如果译者不确定如何处理某个多义词，咨询母语者或其他有经验的翻译人员，以获取他们的意见和建议。如果词语的多个含义在上下文中都有可能出现，可以考虑重写句子或使用更明确的词汇，以避免歧义。尝试理解作者在特定上下文中选择某个词语的意图，这有助于选择最符合作者意图的翻译。在翻译中使用标点符号或其他标记来突出上下文中的重要线索，以帮助读者理解多义词的含义。总之，处理词义多义性需要深入分析上下文，并选择最适合的翻译选项，这需要一定的语言理解和判断力，因此翻译人员应该不断提高自己的语言技能和解释能力。

六、注意同义词选择

在翻译过程中，选择正确的同义词非常关键，因为不同的同义词可能具有不同的语境和情感色彩。为了确保翻译的准确性和自然性，翻译人员需要深入理解源语言和目标语言的词汇用法和含义。以下是一些同义词选择的考虑因素。

（一）语境

在翻译或写作中，同一个词语在不同的上下文中可能会有不同的含义或语义，因此要确保选用的同义词在特定语境中是合适的。以下是一些关于同义词选择与语境的注意事项：查看目标词汇周围的其他词汇，以了解它们对目标词汇的限定和影响。有时，邻近的词汇可以提供关于目标词汇含义的线索。考虑句子的结构，包括主语、谓语、宾语等成分，以确保选用的同义词与句子结构一致。不同的同义词可能需要在句子中进行不同的语法调整。如果在段落中使用同义词，确保它们与段落的主题和论点一致。同义词应该有助于支持段落的整体目标。有时候，上下文会提供关于同义词含义的提示。仔细阅读前后句子，以获取有关同义词的更多信息。使用词汇库、同义词词典或在线翻译工具来查找适当的同义词选项。这些工具通常提供了多个同义词，并可以帮助译者更好地理解它们的用法。在完成翻译或写作后，反复校对和编辑文本，确保同义词的选择与整体语境一致，不会引起歧义或混淆。综上所述，选择适当的同义词需要综合考虑语境、句子结构、段落主题和上下文提示。这可以确保同义词在特定语境中的正确使用，使文本更加清晰和准确。

（二）情感色彩

情感色彩在翻译中是一个重要的考虑因素。不同的同义词可能具有不同的情感和语气，因此在翻译时要根据上下文和原文的情感意图来选择适当的同义词。以下是一些关于处理情感色彩的翻译技巧：在开始翻译之前，深入理解原文中的情感是关键。这可能需要对作者的语气、语境和情感进行深入分析。只有理解了情感，才能在翻译中传达相似的情感。考虑目标语言中的同义词，选择与原文情感相符的词汇。有时候，可能需要寻找目标语言中具有类似情感色彩的词汇。尽量保留原文中的情感色彩，以传达作者的情感。如果原文是激情澎湃的，翻译也应该具有相同的激情。保持同义词的语法和语气一致。这些表达方式通常有一种特定的语法结构和语气，应在翻译中保持不变。考虑使用修辞手法来增强情感的表达，包括比喻、排比、夸张等，以传达更强烈的情感。有时候，情感可以通过标点符号的使用来传达。在目标语言中使用适当的标点符号，以强调情感。总之，翻译中的情感色彩是确保翻译与原文一致并能够传达作者情感意图的重要方面。选用合适的同义词、保持语法和语气一致性以及运用修辞手法等技巧都可以帮助实现这一目标。

（三）精确度

同义词的精确度是翻译中一个至关重要的考虑因素。在翻译中，选择最合适的同义词可以影响翻译的准确性和表达能力。以下是一些关于同义词精确度的进一步考虑：同义词的精确度通常取决于上下文。要考虑原文所在的句子和段落，以确定哪个同义词在特定语境中更合适。如果精确性对传达原文的意义至关重要，那么应该选择最准确的同义词。有时候，一个同义词可能更确切地描述了原文中的概念，而另一个同义词可能不够明确。有时候，一个同义词可能更能有效地表达情感，而另一个同义词可能没有这种效果。因此，在翻译中，要考虑目标文本的表达方式，以便选取最合适的同义词。在特定领域或学科中，有些同义词可能是专业术语，为了更精确地传达领域的专业性，在这种情况下，选择正确的术语非常重要。考虑目标受众的理解水平和需求。有时候，为了更好地满足读者的需求，可以选择更易理解的同义词。总之，同义词的选择需要综合考虑多个因素，包括上下文、准确性、表达能力、专业性和受众需求等。

（四）口音和地区差异

口音和地区差异是一个重要的考虑因素。在翻译过程中，尤其是在选择同义词时，需要考虑目标受众所在的地区，因为不同地区的人可能对某些词汇或表达方式有不同的习惯和偏好。这种情况在口头和书面翻译中都很重要。例如，英语作为全球使用广泛的语言之一，不同地区的英语有不同的口音、拼写和词汇用法。美式英语和英式英语之间存在差异，而且在英国的不同地区也可能有地区性的表达方式和用词。因此，翻译人员需要根据目标受众所在的地区来选择适当的同义词和表达方式，以确保翻译更容易被理解和接受。

这也强调了文化适应的重要性，尤其是在涉及目标受众的文化和地域差异较大的情况下。在这些情况下，翻译人员需要更深入地了解目标文化，以确保翻译不仅语言准确，还在文化上合适。这有助于确保翻译能够有效地传达信息并与目标受众产生良好的互动。

同义词的选择需要综合考虑这些因素，以确保最终翻译的质量和效果。同时，反复校正也是确保翻译准确性的重要步骤。

七、避免生硬地逐字翻译

避免生硬地逐字翻译对于翻译的自然性和可读性非常重要。语言之间存在许多差异，包括语法、词汇和表达习惯，因此，将文本逐字翻译可能导致译文不符合目标语言的习惯用法。在翻译时，翻译人员应该做到：深入理解原文的含义和情感背景，以便更好地在目标语言中传达相同的信息和情感。根据目标语言的语法规则和表达方式来重新构建句子，以确保翻译的流畅性和自然性。考虑目标文化的语言和表达习惯，以避免不合适或冒犯性的翻译。即使需要对句子进行结构上的调整，也要尽量保持原文的原意和情感。在翻译中灵活使用同义词，以更好地匹配目标语言的表达方式。总之，翻译不仅是一种语言转换，还涉及文化和表达方式的转换。避免生硬地逐字翻译，能够产生更准确、自然和易于理解的翻译结果。

八、检查拼写和语法错误

检查拼写和语法错误是确保翻译质量的重要步骤。以下是一些检查拼写和避免语法错误的建议：使用拼写和语法检查工具，如 Microsoft Word 或在线校对工具，来扫描文本以检测拼写和语法错误。这些工具可以快速识别并纠正常见的错误。不要完全依赖自动工具，使用拼写和语法检查工具之后，要进行手动审阅以捕捉工具可能遗漏的错误。要特别关注常见错误，如主谓一致、时态一致和代词使用等。有时候，查阅语法参考书或在线语法资源可以帮助译者解决复杂的语法问题。如果译者对某个句子的语法不确定，可以查找相关信息以获取指导。可能的话，请教具有语言专长的同事或朋友来审阅译者的翻译。他们可能会提供有关拼写和语法错误的宝贵建议。不要只审阅一次，反复审阅文本，最好在不同的时间点进行，以确保捕捉到所有错误。在审阅时要特别关注常见的拼写和语法问题，如动词时态、冠词使用、代词一致性等。确保修复拼写和语法错误不会导致句子失去原文的意义或导致歧义。如果译者经常翻译特定类型的文本（如科技、法律或医学领域），请学习相关领域的特殊术语和语法规则，以减少专业性错误。通过仔细检查拼写和语法错误，译者可以提高翻译的准确性和可读性，确保最终的文本质量。

九、逐句审查

逐句审查是确保翻译质量的重要步骤。以下是一些逐句审查的技巧和注意事项：检查每个句子的语法结构和语序，确保它们在目标语言中是正确的。特别注意动词时态、名词、代词的使用以及句子的主谓一致性。仔细检查拼写和标点，确保没有拼写错误，标点符号放置正确，以及使用了适当的标点符号来分隔句子和段落。查看同义词的选择，确保它们在上下文中传达正确的含义。如果有多个同义词可以使用，选择最适合的那个。确保句子之间和段落之间过渡流畅，没有不必要的断开或突兀之处。句子应该自然地连接在一起，以提供良好的阅读体验。审查词汇的使用，确保使用了准确的词汇，并避免重复使用相同的词语。使用多样化的词汇可以丰富翻译的表达。确保术语和短语在整个文本中是一致的。如果特定术语在文本中多次出现，请使用相同的翻译，以保持一致性。检查句子的逻辑结构，确保句子的含义清晰，并且没有歧义或混淆。阅读每个句子，看看它是否能够传达原文的意义。考虑句子和段落的上下文，确保翻译在整个文本中保持一致，并且符合作者的意图和文本的整体主题。思考文本的受众，确保翻译适合他们的需求和文化背景。如果发现不确定之处，考虑与其他翻译人员或母语人士交流，以获取反馈和建议，并进行必要的修正。逐句审查是确保翻译质量的关键步骤，有助于提高翻译的准确性、清晰度和自然性。

十、翻译音韵和韵脚

翻译音韵和韵脚是在翻译诗歌或包含音韵元素文本时的一项重要技巧。这可以帮助保留原文的韵律和音乐性，尽量传达原文的情感和美感。以下是一些关于如何翻译音韵和韵脚的方法：尽量选择与原文韵脚近似的目标语言词汇。找到与原文韵脚相近的词，即使它们不是完全相同的韵脚，也能传达出音乐性和韵律。考虑目标语言中的重音位置，以便找到适合的词汇。在某些情况下，重音的位置可能与原文不同，但仍然能够在翻译中创造音乐性。有时候，需要对原文进行一些创造性的改编，以保留音韵。这可能包括重新构造句子或使用意义相近但韵脚更匹配的词汇。虽然保留音韵和韵脚是重要的，但也要确保译文保持了原文的意义和情感。音韵的保留不应妨碍译文的可理解性。要记住，在不同语言之间完美地保留音韵和韵脚是具有挑战性的。在某些情况下，可能需要在音韵和意义之间寻找平衡。尝试使用与原文相似的节奏和韵律，以在翻译中传达音乐性。这可能涉及句子的长度、重复使用某些词汇以及排列等方面的调整。如果原文遵循特定的诗歌形式（如押韵方案），尽量在目标语言中保留类似的诗歌形式，以保持原诗的特点。总之，翻译音韵和韵脚需要翻译人员具备创造性和灵活性，以确保译文既保留了原文的音乐性，又传达了其意义和情感。

十一、保持情感色彩

在翻译中保持情感色彩的一致性对于传达作者的意图和读者的理解非常重要。如果原文中包含情感，而翻译去除了这些情感色彩，可能会导致信息丧失或误解。以下是一些方法来保持情感色彩：要深入理解原文中的情感，包括情感的类型（如喜悦、悲伤、愤怒等）以及情感的程度。这需要对上下文、用词、语气等进行深入分析。选择与原文情感相符的词汇，以确保翻译传达相似的情感。有时候，目标语言中可能需要寻找具有类似情感色彩的词汇。尽量保留原文中包含情感的词汇，而不是将其替换为中性词汇，这有助于传达作者的情感意图。确保翻译的语气与原文一致，如果原文是激情澎湃的，翻译也不应过于冷静或中性。考虑使用修辞手法来增强情感的表达，包括比喻、排比、夸张等，以传达更强烈的情感。尽量使翻译自然流畅，不要过度修饰或繁复，以保持情感的真实性。总之，保持情感色彩是翻译中的一项重要任务，因为它有助于确保读者能够理解和体验到原文作者所表达的情感。这些技巧和方法可以帮助译者在句子层面上进行更准确、自然和流畅的翻译工作。

第三节　语篇层面上的翻译技巧和方法

在语篇层面上进行翻译时，需要考虑如何保持文本的连贯性、一致性和信息传达的完整性。以下是一些语篇层面上的翻译技巧和方法。

一、保持连贯性

保持连贯性是翻译中非常重要的方面，它能确保翻译文本的流畅性和可读性。以下是一些方法，可帮助确保翻译文本的连贯性。

（一）使用过渡词和短语

使用过渡词和短语是在语篇层面上确保翻译连贯性的重要方法。以下是一些常用的过渡词和短语，以及它们的功能：

然而：表示对比，引导读者关注前后句子的不同之处。

另一方面：表示对比，用于引入与前一句相反或补充的信息。

因此：表示因果关系，指出一个句子是由前一句引起的结果。

此外：表示添加信息，引入一个额外的点或观点。

例如：表示列举，用于引入例子或详细信息。

总之：表示总结，用于概括前文的主要观点或信息。

首先、其次、最后：表示顺序，用于列举事物的顺序或步骤。

与此同时：表示同时性，用于指出两个或多个事件在同一时间发生。

因此、由于：表示原因，用于解释为什么发生某事。

相反：表示对比，引导读者关注前后句子的相反之处。

在翻译过程中，使用适当的过渡词和短语可以帮助读者更好地理解文本的逻辑结构，提高翻译的连贯性和可读性。要根据上下文选择合适的过渡词和短语，以确保它们在目标语言中具有相同的功能和效果。

（二）保持一致的风格和语气

保持一致的风格和语气对于翻译的流畅性和可读性至关重要。以下是一些关于保持一致性的技巧和方法：开始翻译之前，确定文本所需的风格和语气。这可以根据原文的性质和目标受众来确定。例如，如果原文是一篇学术论文，那么可能需要保持正式的学术风格。创建一个与所选风格和语气一致的词汇和短语列表。这将有助于确保在整个文本中使用一致的术语和表达方式。在整个文本中保持一致性，特别是在使用同义词或近义词时。如果在文本中多次出现相同的概念，确保使用相同的词汇来表示这些概念。不仅要关注词汇，还要考虑句子结构和语法。在相同的风格和语气下，句子的结构也应保持一致。上下文可以影响文本的风格和语气。确保文本中的风格和语气与整个上下文一致。可能的话，寻求母语人士的反馈和建议，以确保所选的风格和语气在目标语言中自然流畅。在翻译完成后，仔细逐句审查文本，确保没有突破所选风格和语气的地方。保持一致的风格和语气有助于翻译文本的一致性和可读性，使读者更容易理解和接受翻译内容。

（三）使用代词和指示词

使用代词和指示词是提高语篇连贯性和清晰度的关键。以下是一些使用代词和指示词的示例：

代词的使用：

原文：John is a talented writer. He has published several books.

翻译：约翰是一位才华横溢的作家。他已经出版了几本书。

在这个示例中，“He”是代词，用来指代前面提到的“John”，避免了重复使用“John”。

指示词的使用：

原文：In the first chapter, the author discusses the main themes.These themes are explored in detail in the following chapters.

翻译：在第一章中，作者讨论了主要主题。这些主题在接下来的章节中进行了详细探讨。

这里，“These”是指示词，用来指代前文提到的“主题”，帮助读者理解上下文中的关系。

避免歧义：

原文：She gave her sister the book, and she read it immediately.

翻译：她把书给了她的姐姐，她立刻就读了。

在这个示例中，原文中的“she”不清楚指代的是哪一个女性，可能引起歧义。更好的翻译应该明确指出是哪位女性读了书。

使用代词和指示词要确保清晰明了，避免歧义，提高文章的可读性和连贯性。

二、使用并列和复合句

使用并列句和复合句是提高语篇连贯性和表达复杂思想的有效方式。以下是一些示例：

并列句：在并列句中，两个或多个独立的子句并列在一起，通过逗号、分号或连接词来连接。

原文：The professor conducted research, and the findings were published in a prestigious journal.

翻译：教授进行了研究，研究结果发表在一本知名的期刊上。

复合句：复合句由一个主句和一个或多个从句组成，从句可以是定语从句、原因状语从句、结果状语从句等，用来详细说明主句中的内容。

原文：The research, which was funded by the government, aimed to address environmental issues.

翻译：这项由政府资助的研究旨在解决环境问题。

连接词：使用连接词（如因果关系词、对比关系词、递进关系词等）来连接句子和句子，以清晰地表达句子之间的逻辑关系。

原文：Despite the challenges, the project was completed on time and within budget.

翻译：尽管面临挑战，项目还是按时完成并且在预算内。

平衡句子：在并列句和复合句中，要注意句子结构的平衡，避免句子过长或过短，以保持文本的流畅性。

原文：The study examined various factors influencing student performance, including teaching methods, student engagement, and classroom environment.

翻译：这项研究考察了影响学生表现的各种因素，包括教学方法、学生参与度和教室环境等。

通过巧妙运用并列句和复合句，翻译人员可以更好地传达原文中的复杂思想，并使翻译文本更具连贯性和清晰度。

三、修订和编辑

修订和编辑是确保翻译文本质量的重要步骤。以下是一些修订和编辑时需要注意的关键事项。

（一）语法和拼写

在翻译和编辑文本时，确保语法和拼写的准确性非常重要，因为这直接影响到翻译的质量和可读性。以下是一些关于语法和拼写的注意事项：

动词时态和语态：检查翻译文本中的动词时态和语态，确保它们与目标语言的规范一致。时态错误可能导致句子的不自然或不清晰。

主谓一致：确保主语和谓语动词在人称和数上保持一致。例如，单数主语应该与单数谓语动词匹配，复数主语应该与复数谓语动词匹配。

名词和冠词：检查名词的单复数形式以及正确使用冠词（如定冠词“the”和不定冠词“a/an”）。确保名词和冠词的选择与语境一致。

代词的正确使用：代词如“he”“she”“it”“they”“him”“her”“its”等应该正确指代先前提到的名词，并保持性别、人称和数量的一致。

形容词和副词：确保形容词和副词的正确使用，以修饰名词和动词。注意形容词的级别（比较级和最高级）以及副词的位置。

拼写：仔细检查文本中的拼写错误，特别是容易混淆的单词。可以使用拼写检查工具辅助。

标点符号：确保正确使用标点符号，如逗号、句号、分号、冒号、引号等。标点符号的错误使用可能改变句子的意义。

一致性：在整个文本中保持一致性，使用相同的术语、缩写和拼写规则。不一致性可能导致混淆。

句子结构：确保句子结构清晰、连贯且符合目标语言的语法规则。避免过长或过于复杂的句子，以免引起混淆。

专有名词：特别关注专有名词的拼写，如人名、地名、机构名等。确保它们的拼写准确无误。

文体一致性：如果文本需要保持一致的文体（如正式、非正式、学术、商务等），则确保整个文本在文体上保持一致。

句子分析：对长句进行分析，确保句子结构清晰，避免歧义。适当使用逗号和其他标点来帮助理解。

修辞和表达：关注翻译文本的修辞和表达方式，确保它们自然而流畅，不呆板生硬。

最后，如果可能的话，寻求母语者或专业编辑的帮助，因为他们可以提供有关语法和拼写的宝贵反馈，以提高文本的质量。

（二）格式和排版

在进行文件翻译时，确保文本的格式和排版与目标语言的规范一致非常重要。以下是一些关于翻译格式和排版的建议：选择目标语言中常用的字体和字号。常用的字体如 Arial、Times New Roman 等在多个语言系统中都能良好显示。确保标题、正文和注释的字号一致，以保持文档的整洁。保持标题和副标题的格式一致，包括字体、字号和居中对齐。使用粗体或斜体来突出重要信息，但要保持一致性。调整段落和行间距，使文本易于阅读。通常来讲，合适的行间距和段落间距可以提高文档的可读性。确保文本与页面边缘之间有适当的页边距，以防止文本过于拥挤或离边缘太远。如果文档包含列表或编号的项目，请确保它们在目标语言中的格式与原文一致。使用相同的符号或编号样式。如果文档包含引用或脚注，请确保引用和脚注的格式符合目标语言的规范，通常，这包括作者名、出版日期、书名等信息。如果文档包含表格和图表，确保它们的格式清晰且易于理解。表头和列名应该与目标语言的规范一致。特殊字符和符号可能因语言不同而异。确保文档中的特殊字符和符号在目标语言中正确显示。标点符号的使用方式可能因语言不同而异。确保文档中的标点符号符合目标语言的规范。如果文档包含标题页，请确保文档标题的格式和排版与目标语言的规范一致。文本的对齐方式（左对齐、右对齐、居中等）应与目标语言的排版规范一致。如果文档包含页眉和页脚，请确保它们的格式和内容适用于目标语言。在进行文档翻译时，通常需要深入了解目标语言的排版规范，以确保翻译后的文本在格式和排版上与原文一致。这有助于保持文档的专业性和可读性。如果不确定某些格式或排版问题，建议咨询专业的翻译人员或排版人员，以获得专业的建议和帮助。

（三）情感色彩

情感色彩在翻译中的保留是非常重要的，因为它可以帮助传达作者的情感和态度。以下是一些在翻译中保留情感色彩的方法：深入理解原文中包含的情感背景和情感语调。这可以通过分析上下文、作者的语言选择和语气来实现。在翻译过程中，选择与原文情感相符的词汇和短语。如果原文中使用了积极的情感词汇，尽量选择目标语言中的类似词汇来传达相同的情感。在整个翻译中保持一致的语气和情感色彩。如果原文中使用了幽默、正式或急切的语气，确保翻译也传达相同的语气。使用修辞手法来增强情感表达，包括比喻、拟人、排比等，以突出情感要点。了解翻译文本的目标受众，以确保情感色彩对他们而言是合适的。不同的文化和社会背景可能对情感表达有不同的理解，因此要谨慎考虑这一点。努力保留原文中的情感强度。如果原文表达了强烈的情感，翻译也应该传达相同的强度。平衡情感表达与文本的整体流畅性。请其他具有目标语言能力和文化背景知识的人审查翻译，以确保情感色彩的准确传达。总之，保留情感色彩是一项颇具挑战性的任务，需要深入理解原文的情感和目标受众的文化背景。通过以上方法，可以更好地传达作者的情感意图。

（四）审查上下文

审查上下文是非常关键的一步，有助于确保翻译的一致性和准确性。以下是一些在审查上下文时的重要考虑因素：确保充分理解整篇文章的主题和核心思想。这有助于确保译者的翻译在内容上保持一致。检查翻译文本中的前后句子和段落，以获取更多关于词语或表达的线索。有时候，前后文可以提供关于一个词语或短语的具体含义和用法的信息。尝试理解作者编写这篇文章的目的和意图。这有助于确保译者的翻译能够准确地传达作者想要表达的信息和情感。如果原文中有多义词汇，要根据上下文来确定正确的翻译。不同的上下文可能需要选择不同的词汇。确保翻译的句子结构和语法与上下文一致。有时候，文本中的语法结构可能随上下文的变化而变化。如果文章中包含情感色彩，确保译者的翻译在语气和情感方面与原文一致。分析句子之间的逻辑关系，如因果关系、对比关系、时间顺序等。这有助于理解文本的逻辑结构。如果文章涉及专业术语或特定领域的术语，确保译者的翻译在上下文中使用了正确的术语。在整篇文本中保持翻译的连贯性，以确保读者能够流畅地理解文本。不要仅仅关注文本中的单个句子或段落，而要将它们放入上下文中整体考虑。审查上下文是翻译中的重要步骤，可以帮助译者更好地理解和传达原文的意义和信息。

（五）反复审查

多次审查是确保翻译文本质量的关键步骤。每次审查都可以发现不同类型的错误和改进点。以下是一些反复审查的建议：进行语法和拼写检查，确保文本中没有明显的错误。使用拼写检查工具和语法检查工具可以提高效率。审查文本以确保句子和段落之间的连贯性和流畅性。查看是否有逻辑错误或不连贯的地方，并进行必要的修改。仔细检查用词，确保它们与原文一致并准确表达了意思。查看是否有不合适的同义词或模糊的表达。检查文本的格式和排版，确保它们符合目标语言的规范，包括字体、字号、标题格式、段落间距等。审查文本的逻辑结构，确保信息的组织和呈现方式合理。查看是否需要重新排列段落或句子。确认文本在整个上下文中的一致性，包括专业术语的使用、风格和语气的保持等。考虑文本的目标受众，确保文本的语言和表达方式适合他们的需求和期望。反复核对翻译文本与原文之间的准确性，确保没有遗漏或错误的翻译。可能的话，邀请其他人或同行进行反馈，他们可能会发现你忽略的问题。在反复审查之后，进行最终的全面审查，确保文本没有任何错误。反复审查可以显著提高翻译文本的质量，并确保最终的文本准确、流畅、一致且符合要求。

四、段落结构

段落结构在翻译中非常重要，因为它有助于维持文本的连贯性和逻辑性。以下是一些关于段落结构的翻译技巧和方法：如果原文中有明确的段落结构，尽量在翻译中保持相似的结构，这有助于保持文本的组织性和逻辑性。翻译每个段落之前，确保充分理解段落的主题和重点，主题句通常包含了段落的核心思想，因此要特别关注这一句子。在段落之间和句子之间使用适当的过渡词和短语，以引导读者理解不同部分之间的关系，例如，“此外”“然而”“另一方面”等。确保段落内部的句子和段落之间的内容在目标语言中保持逻辑顺序。如果需要，可以重组句子或段落，以确保信息的流畅传达。在翻译时，注意段落的长度，有时候，原文中的一个段落可能在翻译中需要分成两个或合并成一个，以更好地满足目标语言的写作习惯。在段落中保持用词的一致性，尤其是专业术语或关键词，使用相同或相似的术语来表达相同的概念。在每个段落结束时，提供一个合适的结论或过渡，以引导读者到下一个段落，这可以通过总结段落内容或提出下一个话题来实现。在完成翻译后，仔细审查段落结构，确保每个段落都有清晰的主题，并且段落之间的过渡自然流畅。某些文本可能包含特殊的段落结构，如列举、对比、因果关系等，在翻译这些文本时，要确保这些结构在目标语言中仍然能够清晰表达。段落结构的良好处理有助于提高翻译的可读性和流畅性，使读者更容易理解文本的内容和逻辑关系。

五、维护段落结构

维护段落结构在翻译中非常重要，因为它有助于确保文本的连贯性和理解。以下是一些有关如何在翻译中维护段落结构的建议：翻译文本之前，仔细阅读和理解原文段落的结构和主题。了解每个段落的中心思想是什么，以及如何连接到其他段落。每个段落通常都有一个主题句，它概括了该段落的主要观点。在翻译中要确保主题句的表达清晰，并在目标语言中传达相同的意思。过渡词和短语可以帮助读者理解段落之间的逻辑关系。在翻译中使用适当的过渡词和短语，以维护段落之间的连贯性。避免在翻译中拆分段落中的关键信息。确保重要观点和概念在目标语言中保持完整性。逐句翻译原文段落，而不是跳过段落的整体意义，这可以帮助确保每个句子在翻译中都有合适的位置。有时候，为了在目标语言中保持段落的结构，可能需要微调句子的长度或结构，确保这种调整不会破坏原文段落的逻辑。完成翻译后，进行反复审查，特别关注段落之间的连贯性和主题的一致性。可能的话，与原作者或编辑联系，以确保翻译文本在段落结构和内容方面的准确性。维护段落结构是翻译中的一项重要任务，有助于确保翻译文本在目标语言中仍然能够传达原文的意思和逻辑。

六、注意代词的一致性

保持代词的一致性是确保翻译文本清晰和易于理解的重要方面。以下是一些有关保持代词一致性的建议：在翻译过程中，首先要仔细观察原文中使用的代词。这包括人称代词（如“他”“她”“它”“我们”等）、指示代词（如“这”“那”“这些”“那些”等）以及其他代词。根据原文的代词选择适当的目标语言代词。确保目标语言中的代词在上下文中是合适的。一旦选择了目标语言的代词，要确保在整个文本中保持一致性。不要在同一文本中混用不同的代词，除非上下文明确需要这样做。特别要注意代词的性别和数量。一些语言会根据性别和数量来变化代词形式，确保翻译中的代词与原文的性别和数一致。代词的一致性有助于避免歧义。如果代词不一致，读者可能会困惑于文本的含义。在完成翻译后，进行仔细地复查和校对，特别关注代词的一致性。这可以确保代词在整个文本中都是正确的。如果目标语言有关于代词的一致性的特定语法规则和约定，请参考这些规则以确保正确使用。保持代词的一致性是提高翻译质量和确保文本易于理解的关键因素之一。在翻译过程中细心处理代词，可以帮助确保翻译文本的准确性和清晰度。

七、处理重复和省略

处理重复和省略是翻译中的重要技巧，以下是一些处理重复和省略的方法：在翻译过程中，有时可以省略一些在目标语言中不必要的细节或修饰语，以保持文本的简洁性和清晰性，但要确保省略不会影响原文的核心含义。代词可以用来代替前文提到的名词，以避免重复。但要确保代词的使用是清晰的，不会引起歧义。在处理省略时，依靠上下文来引导读者理解被省略的部分。确保前文提供了足够的信息，以便读者能够推断出被省略的内容。有时候，在翻译中需要保留一些重复的内容，以强调重要性或突出特定信息，这种情况下，可以使用近义词或修饰语来减少重复。在处理重复时，要考虑文本的整体平衡。有时候，适度的重复可以增强文本的连贯性，但不应过分使用。某些领域或文体可能具有特殊的约定，允许或要求一定程度的重复。在翻译时，要了解这些约定并遵守它们。最后，在完成翻译后，进行仔细的修订和校对，以确保文本中没有不必要的重复或省略，并保持其流畅性和一致性。处理重复和省略需要翻译人员的语言敏感性和判断力，以确保翻译文本既符合原文的意义又保持了目标语言的自然流畅。

八、保留原文的结构

保留原文的结构对于翻译的准确性和流畅性非常重要。以下是一些方法：翻译之前，仔细阅读和理解原文的结构。确定段落、句子和段落之间的逻辑关系。尝试在翻译中使用与原文相似的句子结构。如果原文使用了主语—谓语—宾语结构，尽量在翻译中保持相同的结构。保持段落之间的组织和逻辑顺序。如果原文按照一定的顺序呈现信息，确保在翻译中保持相同的顺序。过渡词和短语可以帮助引导读者理解文本的结构。在翻译中使用适当的过渡词，以确保段落和句子之间的关系更加清晰。确保在翻译中不添加原文中没有的无关信息，以保持结构的简洁性。确保翻译文本在语言和逻辑上的连贯性。使用恰当的连接词和短语，以确保句子和段落之间的关系更清晰。在翻译完成后，反复审查和修改文本，特别关注句子和段落的结构和组织，这可以帮助发现并纠正可能存在的问题。通过以上方法，可以更好地保留原文的结构，确保翻译文本在结构上与原文保持一致，同时传达作者的写作风格和逻辑结构。

九、翻译引用和引用文献

翻译引用和引用文献是非常重要的，因为它们涉及学术诚信和信息来源的清晰度。以下是一些处理引用和引用文献的一般步骤：确保完全理解原文中的引用内容，明白作者的意图以及引文在原文中的背景和上下文。根据目标语言的学术规范，选择适当的引用格式。常见的引用格式包括 APA、MLA、Chicago 等。了解所选引用格式的具体要求，包括引用文献的格式、标点和引用的位置。在翻译中，引用应该被保留，并按照目标语言的引用规则进行翻译。这可能涉及修改引用的格式、使用目标语言的引文标点符号，以及确保引用文献信息的准确性。如果原文中包含引用文献，确保将它们准确地翻译成目标语言。文献的作者、标题、出版信息等都应该得到正确的翻译。在翻译中，要确保引文和引用的内容在目标语言中仍然清晰和易于理解。这可能需要调整引文的结构和位置，以适应目标语言的习惯。进行仔细的校对和审查，以确保引用和引用文献的准确性和一致性。检查引文标点符号、格式和信息是否正确。根据所选引用格式，在翻译文本中正确标注引用的位置，并确保在文末列出引用文献。在处理引用时，要始终保持学术诚信。确保引文和引用文献的来源是准确的，避免剽窃及其他学术不端行为。翻译引用和引用文献需要非常小心和精确的处理，以确保文本的学术性和专业性。根据目标语言的学术规范和要求进行适当的调整，并在翻译文本中清晰地标识引用和引用文献。

语篇层面上的翻译需要更多关注文本的整体结构和信息传达，而不仅仅是句子级别的翻译。这有助于确保翻译文本与原文一样清晰、连贯和具有逻辑性。

第四节　文体层面上的翻译技巧和方法

文体层面的翻译涉及不同文体和风格的转换，以确保翻译文本在目标语言中保持与原文相似的文体特征。以下是一些文体层面上的翻译技巧和方法。

一、了解文体和风格

了解文体和风格是理解和分析原文的重要步骤，这有助于准确理解作者的意图和内容。以下是关于如何深入了解文体和风格的一些建议。

（一）识别文体

在翻译中识别文体是非常重要的，因为不同的文体要求采用不同的翻译策略。以下是一些识别文体的方法：仔细阅读原文，尝试理解整个文本的主题、目的和受众。上下文可以提供关于文体的线索。查看原文中使用的词汇、句子结构、动词时态和人称等语言特点。正式文体通常使用正式的词汇和句子结构，而口语化文体更简单直接。关键词可以暗示文体，例如，正式文体中可能会出现专业术语和正式称呼，而口语化文体可能会包括口头表达和俚语。作者的语气是文体的一部分，正式文体通常更严肃和客观，而口语化文体可能更加亲切和亲近。考虑文本的受众，如果文本面向专业人士或学术界，可能更倾向于正式文体。如果面向一般大众，可能更口语化。了解作者的背景和身份可以提供关于文体的线索。例如，学术论文通常采用正式文体，因为它们是由专业领域的专家编写的。一份文本中可能存在不同的文体，特别是在引用对话或其他来源时，确保在翻译时区分这些不同的文体。一些翻译指南或规范可能会提供关于如何处理不同文体的建议，查阅这些资源可以帮助译者更好地识别和处理文体。识别文体是翻译中的关键步骤，因为它可以指导译者选择合适的翻译策略，确保翻译与原文的文体相匹配，同时满足目标受众的需求。

（二）语法和句子结构

在翻译中，处理语法和句子结构是非常关键的，因为它们可以影响到翻译的准确性和流畅性。以下是一些处理语法和句子结构的重要注意事项：确保翻译中的语法结构与原文一致。这包括动词时态、主谓一致、名词性和形容词性的修饰等。不一致的语法结构可能导致理解困难或歧义。注意原文中的句子结构，尤其是长句和复杂句。在翻译中，可以考虑将复杂句分解成更简单的句子，以确保信息的清晰传达。注意原文中的虚拟语气和时态的使用。某些语言中的虚拟语气和时态可能没有直接对应的表达方式，因此需要谨慎处理，以确保正确传达意思。处理原文中的并列结构，确保在翻译中保持结构的平衡和连贯性。使用适当的连词和标点来表示并列关系。了解原文中被动语态和主动语态的使用，以确保在翻译中保持相应的语法结构。有时需要转换被动语态为主动语态或反之。原文中可能包含名词性从句和定语从句。在翻译中，确保正确处理这些从句，以维持句子的结构和语法完整性。某些语言中可能允许省略一些成分，而在翻译中需要补充，以使句子完整。确保翻译中没有遗漏关键信息。理解原文的上下文，以帮助确定正确的语法和句子结构。有时候，翻译的准确性依赖于对上下文的准确理解。使用语法参考工具，如语法书、语法检查工具和在线语法资源，以解决特定语法问题。进行校对和修订，特别要关注语法和句子结构方面的问题。多次审查翻译以确保语法的正确性和表达的流畅性。总之，处理语法和句子结构是翻译中的关键任务之一。熟练的翻译人员需要具备出色的语法知识和语言技能，以确保翻译文本在语法上正确、流畅，并能够准确传达原文的含义。

（三）作者的态度和语气

在翻译中，要准确传达作者的态度和语气，因为这有助于读者理解文本的情感和语境。以下是处理翻译中作者的态度和语气的一些关键考虑因素：仔细阅读原文以了解作者的态度和语气。这可以通过词汇、句子结构、修辞手法等来推断。在翻译中要反映作者的态度和语气。如果作者的语气是正式的，那么翻译也应该采用相应的正式语气。同样，如果作者的态度是严肃的，翻译也应该传达这种严肃感。选择适当的词汇来传达作者的情感。例如，如果作者的态度是积极的，可以选择积极的形容词和动词来传达这种情感。在整个翻译中作者态度和语气保持一致，不要在不同部分之间产生混淆或矛盾。考虑文化因素，确保作者的态度和语气在目标语言和文化中是合适的。某些表达方式可能在不同文化中产生不同的效果。如果原文中使用了修辞手法，如比喻、隐喻或排比，尽量在翻译中保留这些修辞特点，以传达作者的情感和表达方式。考虑文本的上下文来更好地理解作者的态度和语气，上下文可以提供有关作者观点和情感的线索。尽量尊重原文的意图，不要在翻译中添加或删除与作者态度和语气无关的信息。总之，在翻译中准确传达作者的态度和语气是确保翻译文本忠实于原文的重要方面。这需要细致的语言技能，以确保读者能够理解文本的情感和情感色彩。

（四）分析写作风格

写作风格涉及作者的表达方式和情感投射。以下是一些要考虑的因素。

1. 语气

语气反映了作者在表达观点和信息时的情感和态度。以下是一些关于语气分析的重要注意事项：语气通常反映在作者选择的词汇中。例如，正式的语气可能包括正式的术语和措辞，而幽默的语气可能包含幽默成分，如俚语。语气也可以反映在句子结构中，正式的语气可能更倾向于复杂的句子结构，而幽默的语气可能更简洁直接。修辞手法，如比喻、隐喻、排比等，可以传达作者的情感态度。幽默的语气可能包括讽刺或夸张的修辞手法。关注作者在文本中使用的情感词汇，如积极的词汇表示积极的语气，消极的词汇表示消极的语气。考虑文本的上下文有助于更好地理解作者的语气。前文或后文可能提供关于作者情感态度的线索。作者可能会根据目标受众选择不同的语气。例如，写给学术界的文章可能更倾向于正式和理性的语气，而写给一般大众的文章可能更倾向于幽默和感性的语气。语气也可以通过文本中的语调和声音效果来传达。例如，感性的语气可能包括感伤的语调，幽默的语气可能包括滑稽的声音效果。语气可能会影响语法结构，包括句子的长度、复杂性和连接词的使用。在翻译中，理解和传达作者的语气对于保持文本的原汁原味和情感表达至关重要。翻译人员需要敏锐地捕捉原文中的语气，并选择适当的表达方式来在目标语言中传达相同的情感和态度。

2. 叙述方式

叙述方式对于理解文章的整体结构和目的非常关键。不同的叙述方式用于达到不同的沟通和表达目的。以下是关于不同叙述方式的一些重要信息：叙述性的文章通常讲述一个故事或经历，以引发读者的情感共鸣或提供信息。这种叙述方式常用于小说、回忆录、旅行记、传记等文学体裁，以及新闻报道中的人物故事。议论性文章旨在表达作者的观点、主张或立场，通常伴随着支持性的证据和逻辑推理。作者的目标是说服读者接受自己的观点。这种叙述方式常用于论文、辩论、社论等类型的文本。说明性文章旨在解释、阐述或传达信息，通常涉及解释概念、提供信息或教授某个主题的基础知识。

这种叙述方式常见于教科书、百科全书、科普文章等。描述性文章通过详细的描绘来呈现一个人、地方、物品或情境。它的目标是让读者形象生动地理解所描述的事物。这种叙述方式常见于小说、旅行写作、艺术评论等。理解文章的叙述方式有助于读者更好地把握作者的意图和文章的目的。在翻译中，翻译人员需要根据原文的叙述方式选择适当的翻译策略，以保持文章的情感和目的的一致性。不同的叙述方式可能需要不同的翻译方法，以确保翻译文本能够传达相同的情感和信息。

3. 修辞手法

修辞手法是文学写作中常用的修辞手段，它们用于增强表达效果、创造形象和传达复杂的概念。在阅读和翻译中，注意作者是否使用了这些修辞手法。以下是一些关于修辞手法的重要信息：比喻是一种通过将一个事物或概念与另一个事物或概念相比较来传达信息的修辞手法。比喻通常使用包括“像”或“好像”等关键词，以建立不寻常的关联。例如，“时间是金钱”是一个常见的比喻，将时间与金钱进行比较，以强调时间的宝贵。隐喻是一种将一个事物与另一个事物密切相关的修辞手法。它通过代替或替代一个概念来传达信息。例如，使用“白宫”来指代美国政府的决策机构是一种隐喻，因为它将一个地点与一个更大的概念联系在一起。比较是一种通过使用“像”或“好像”等关键词来建立两个不同事物之间的类比来传达信息的修辞手法。例如，将“她笑得像一朵花”是一个比较，将她的笑容与花朵进行类比。拟人是一种将非人物或抽象概念赋予人的特征或行为的修辞手法。它可以用于使事物更具形象化，增加感情或引起读者的共鸣。例如，将“大海咆哮着吞噬岸边的礁石”是一个拟人句子，因为它将海洋描述得好像具有人类的行为。排比是一种通过重复相似的结构或语法来强调或增强表达的修辞手法。例如，“今天是新的一天，新的开始，新的机会”中的排比强调了“新”的概念。修辞问句是一种提出问题的方式，但不期望得到明确答案。它用于引导读者或听众思考或关注特定主题。例如，“谁不希望有一个更好的未来？”可以强调大多数人的共同愿望。在翻译中，翻译人员需要敏锐地识别和理解这些修辞手法，并选择合适的方式在目标语言中传达相同的表达效果。修辞手法对于文本的情感和表达方式有重要影响，因此在翻译中的准确传达非常关键。

4. 语言层次

语言层次是指作者在文中使用的语言和词汇的复杂程度和专业性。这确实可以反映出作者的目标读者群和意图。在翻译中，理解和传达作者的语言层次对于确保目标文本与原文相符和迎合目标受众非常重要。以下是一些与语言层次相关的要点：如果作者在文中使用了专业领域的术语或专有名词，这可能意味着文本的目标受众是该领域的专业人士或研究者。在翻译中，需要确保这些专业术语在目标语言中得到正确的翻译或解释，以便目标受众能够理解。一些文本可能具有高度学术性的语言，包括复杂的句子结构、学术词汇和引用。这些文本通常面向学术界或专业领域的读者。在翻译中，需要保留文本的学术性质，同时确保清晰的表达。一些文本可能采用口语化的语言风格，用于吸引一般大众或非专业读者。在翻译中，需要适当地传达口语化的语气，以便目标受众能够轻松理解。文本的文体和语调也可以反映语言层次。正式文体通常包括正式的措辞和句子结构，而口语化文体可能更加随意和亲近。翻译人员需要在目标语言中保持相同的文体和语调。理解作者的目标读者群是非常重要的。翻译需要根据目标读者的背景、知识水平和需求来调整翻译策略，以确保文本在目标语言中达到预期的效果。综上所述，理解文本的语言层次对于翻译和传达文本的意义和目的非常关键。翻译人员需要敏锐地捕捉原文的语言特点，并选择适当的表达方式，以确保目标文本与原文一致，并迎合目标受众的需求。

5. 背景信息

了解作者的背景信息对于理解他们的文体和风格选择确实至关重要。作者的个人经历、文化背景以及所处的历史和社会环境都会对其写作产生影响。以下是一些关于考虑作者背景信息的要点：不同的文化背景会影响作者的价值观、信仰、语言使用和文学传统。了解作者所属文化的特点可以帮助理解他们的写作方式和表达方式。作者生活的时代和历史背景也会在其作品中留下痕迹。社会、政治、经济和文化事件都可能影响作者的主题选择和态度。因此，了解作者所处时代的历史背景对于解释他们的作品非常有帮助。作者的个人经历和生活经历通常会在其作品中得以反映。了解作者的生平、教育背景、职业经历和人际关系可以帮助解释其作品的内涵。作者可能受到特定文学传统的影响，这包括文学流派、风格和传统的元素。了解这些文学传统有助于理解作者的写作方式。作者所用的语言和词汇选择可能受到他们母语的影响。不同语言习惯可能导致不同的表达方式和修辞手法。在翻译中，考虑作者的背景信息对于确保目标文本能够传达相同的文化和情感意义非常重要。翻译人员需要了解作者的背景信息，以便能够在目标语言中保持相同的文体和风格，并传达原文的意义。这有助于确保翻译不仅语言准确，而且在文化层面上是恰当的。

总之，深入了解文体和风格需要细致入微地阅读和分析，同时考虑到作者的语言选择、表达方式以及背景信息。这有助于更好地解释原文并理解作者的意图。

二、选择适当的等效词汇

选择适当的等效词汇是翻译中的关键要素之一，特别是在考虑文体和风格的情况下。以下是一些关于选择适当的等效词汇的要点：首先要考虑目标受众是谁。不同的受众可能对不同的词汇和表达方式有不同的期望。例如，正式文体可能需要更正式的词汇，而口语化文体可能更适合通俗的词汇。了解原文的文体和风格是选择适当词汇的关键。正式文体可能需要使用正式的、学术性的词汇，而口语化文体可能更倾向于通俗的词汇。考虑文化差异也很重要。某些词汇在不同文化中可能有不同的含义或情感色彩。翻译时需要确保所选词汇在目标文化中是恰当的。理解文本的上下文是选择适当词汇的关键。有时候，一个词语虽在某个上下文中合适，但在另一个上下文中可能不合适。确保所选词汇与文本周围的内容一致。尽量保持原文的意思和表达方式。翻译不仅仅是将字面意思转化为目标语言，还包括传达作者的意图和情感。如果原文中包含修辞手法或比喻，需要确保所选词汇在目标语言中能够传达相同的修辞效果。有时候，目标语言可能有多个同义词可供选择。在这种情况下，需要考虑哪个同义词最适合原文的文体和语境。最后，进行审校和听取反馈是非常重要的步骤。将翻译后的文本提交给其他人审查，以确保所选词汇和表达方式合适且准确。总之，选择适当的等效词汇是翻译中的关键之一。它涉及平衡多种因素，包括目标受众、文体和风格、文化差异以及修辞手法。翻译人员需要综合考虑这些因素，以确保翻译达到最佳效果。

三、保持一致性

保持一致性是翻译中非常重要的原则之一，尤其是在文体和风格方面。一致性有助于确保翻译文本在语言和风格上与原文保持一致，使读者能够更容易地理解和吸收信息。以下是一些保持一致性的关键要点：开始翻译之前，确保明确定义目标文本的文体和风格。这可以根据原文的特点和受众的需求来确定。例如，确定是使用正式、半正式还是口语化的语言。选择一组一致的词汇和表达方式，以在整个文本中保持一致性。这包括使用相同的术语、词汇、时态和语气。避免在文本中进行不必要的文体转换，因为这可能会导致混淆。如果开始使用一种文体，尽量在整个文本中保持一致。了解目标受众的需求和期望，以确定最适合的文体和风格。不同受众可能需要不同的语言处理方式。在翻译完成后，进行仔细的审校和核对，以确保文体和风格的一致性。查看文本是否存在不一致或突兀的部分，并进行修正。始终参考原文，以确保翻译文本与原文保持一致。原文可以作为文体和风格的参考。有时，为了在翻译中更好地表达文体和风格的变化，可以使用翻译记号或标记，以使读者了解作者的意图。如果可能，让多人进行审校，以获取不同人的反馈和意见。保持一致性有助于提高翻译文本的质量，使其更容易理解和接受。这对于确保读者能够准确理解作者的意图以及翻译文本的有效传达至关重要。

四、考虑目标受众

考虑文本的目标受众是翻译和写作中至关重要的一步。不同的受众可能具有不同的需求、期望和文化背景，因此选择适当的文体和风格非常重要。以下是一些关于考虑目标受众的关键要点：需要了解目标受众是谁。他们可能是学生、专业人士、一般公众，或者特定领域的专家。了解他们的背景、知识水平、文化背景和需求对于选择适当的文体和风格至关重要。考虑目标受众的语言水平。如果受众的语言水平有限，可能需要使用更简单和更清晰的语言表达方式。如果受众具有一定专业知识，可以使用更专业化的词汇和术语。受众的文化背景对于语言和风格的选择有很大影响。某些表达方式在某些文化中可能被视为不合适或冒犯。因此，需要谨慎选择词汇和表达方式，以确保它们在目标文化中是恰当的。了解受众的需求和期望，以确定他们对文本的具体期望。不同的受众可能希望获取不同类型的信息，因此文体和风格应根据这些需求进行调整。考虑译者希望文本实现的目标。如果译者的目标是教育、启发或娱乐，那么文体和风格应该与这些目标保持一致。在选择文体和风格后，最好进行反馈和测试，向一些代表性的受众提供文本，并收集他们的反馈，以确定文体和风格是否达到了预期的效果。总之，考虑目标受众是写作和翻译中不可或缺的一部分。选择适当的文体和风格有助于确保文本更好地满足受众的需求和期望，使信息更容易理解和接受。

五、模仿作者的语气

模仿原文中作者的语气和情感色彩是一种翻译技巧，可以帮助保持翻译的一致性和忠实于原文的表达方式。以下是一些关于模仿作者语气的建议：要仔细阅读原文，理解作者使用的语气和情感色彩。是严肃的、幽默的、感性的还是其他类型的语气？观察原文中作者如何表达情感和语气。这可能涉及词汇的选择、句子结构和修辞手法等方面。在翻译中，尝试寻找目标语言中的等效表达方式，以传达与原文相似的语气和情感。这可能需要借助目标语言的特定词汇和表达方式。要考虑文化差异，确保所选择的语气和情感在目标文化中是合适的。某些情感表达方式可能因文化差异而失效。在整个翻译文本中保持一致的语气和情感色彩。避免在文中出现不一致的语气转换，以免读者产生混淆。在完成翻译后，最好请其他人审校，特别是母语人士，以确保所选择的语气和情感与原文一致。尽管模仿作者的语气和情感色彩很重要，但也不要牺牲翻译的准确性。确保翻译仍然传达了原文的准确意思。总之，模仿作者的语气和情感可以使翻译更加自然和贴近原文，有助于读者更好地理解和共鸣。这需要译者的敏感性和创造性，有助于在目标语言中保留原文的情感和语气。

六、注意文体的转换点

注意文体的转换点是非常关键的，因为不当的文体转换可能导致翻译变得生硬或不自然。以下是一些关于如何处理文体转换点的建议：在处理文体转换点之前，确保完全理解原文的上下文。了解为什么文体需要在特定点进行转换以及它的目的。在文体转换点使用适当的过渡词或短语，以使转换更加平滑。例如，使用过渡词“然而”“但是”或“另一方面”来引导文体的变化。根据目标文体，调整词汇和语法。如果从正式文体切换到口语化文体，可以使用更简单、更直接的词汇和句子结构。进行多次修订和反馈，特别关注文体转换点。请其他人阅读译者的译文，并听取他们的意见，以确保转换点的处理流畅自然。在整个文本中保持一致的文体，除非有明确的理由进行文体转换。避免不必要的文体变化，以免读者产生混淆。在某些情况下，译者可以使用标记，以指示文体的变化。例如，使用斜体、引号或括号来突出口语化表达。始终参考原文，以确保译者的翻译在文体上与原文保持一致，尤其是在转换点处。在完成翻译后，进行仔细的审校和核对，特别关注文体转换点。查看是否存在生硬或不自然的地方，并进行必要的修正。文体转换点的处理需要翻译者的敏感性和技巧。正确处理这些文体转换点有助于保持翻译的流畅性和自然度，使读者更容易理解和接受翻译文本。

七、参考同类文本

参考同类文本的翻译是提高翻译质量的一种有效方法，特别是在选择文体和风格表达方式方面。以下是一些关于如何参考同类文本的建议：寻找同类文本的翻译资源，这些资源应该是可靠的、权威的，如已出版的书籍、学术论文或官方文件。确保文本的来源的高质量和准确性。可能的话，研究多个不同版本的同类文本翻译。不同的翻译可能采用不同的文体和风格，了解这些差异可以帮助译者更好地选择适当的表达方式。仔细分析同类文本的翻译策略，包括词汇选择、句子结构和修辞手法等。看看哪些策略在目标语言中有效传达了原文的文体和情感。了解同类文本的语境，包括原文和翻译文本所用的场景和目的。这可以帮助译者更好地理解为什么特定的翻译策略被采用。选择最适合目标文体和风格的翻译表达方式。确保译者的选择与原文的意图和情感相一致。在翻译完成后进行自我评估，并与其他翻译或专业人士进行反馈。这有助于进一步改进译者的翻译技巧。尽管参考同类文本是有益的，但也要确保译者的翻译保持原创性。不要简单地复制其他翻译，而是根据译者的理解和目标语言的特点来创造自己的翻译。参考同类文本是提高翻译质量的一种手段，但应该与深入理解原文、目标语言和文化背景一起使用，以确保翻译能够有效传达原文的文体和风格。

八、进行反复审查

进行反复审查是确保翻译质量的关键步骤之一，特别是在涉及文体和风格一致性的情况下。以下是一些关于如何进行反复审查以确保文体和风格一致性的建议：逐句审查翻译文本，特别关注文体和风格。确保每一句话在文体和语气上与原文一致。将翻译文本与原文进行对比，查看是否有文体和风格的不匹配之处。注意原文中的语气、态度和表达方式，并确保它们在翻译中得到恰当的反映。将每个句子或段落放入上下文中，以确保翻译文本在整个文档中保持一致。有时候，文体和风格的选择可能会受到上下文的影响。如果原文中有明确的文体要求，如正式、半正式或口语化，确保翻译文本满足这些要求。审查语法和句子结构，确保它们与所选的文体和风格相匹配。正式文体可能需要更复杂的句子结构，而口语化文体可能更简单直接。一旦发现不一致之处，立即进行修正。可以更改词汇选择、句子结构或修辞手法，以使文体和风格一致。请其他人，尤其是具有翻译或写作经验的人，审查译者的翻译。他们可以提供有关文体和风格的反馈。进行多次反复审查，确保文体和风格的一致性得到保持。每次审查时，都要着重关注不同方面，以确保整个文本的质量。在完成反复审查后，进行最终的校对，以确保没有遗漏的不一致之处。通过反复审查，翻译者可以识别并修复文体和风格的不一致之处，以确保最终的翻译文本在这些方面与原文保持一致，达到预期的效果。

九、请教专家

请教专家是解决文体和风格问题的一种明智的方法，尤其是在需要高度专业化的翻译工作中。以下是一些关于如何请教专家以解决文体和风格问题的建议：要明确译者在文体和风格方面遇到的具体问题，可以是与特定句子、段落或整个文本有关的问题。寻找具有相关领域专业知识的专家，可以是翻译专家、编辑、语言学家或相关领域的专业人士。与专家联系之前，准备好明确的问题，以便能够清楚地描述译者的困扰和需求。与专家沟通时，不仅要提出问题，还要主动寻求建议。请专家分享他们的观点和建议，以帮助译者解决问题。接受专家的反馈和建议，不要将其视为批评，而是作为提高翻译质量的机会。将从专家那里获得的知识应用于翻译工作中，以改进文体和风格的一致性。可能的话，建立与专家的联系，以便在将来的翻译工作中寻求帮助和建议。

请教专家是一个有效提高翻译技能的途径。专家通常能够提供深刻的见解和宝贵的建议，帮助译者更好地理解和应对文体和风格方面的挑战。

第五章　信息加工与英语翻译

第一节　信息与语言

当谈论信息与语言时，通常涉及信息的传递、沟通和理解，以及语言作为关键工具的作用。下面是一些关于信息与语言的重要概念。

一、信息传递

信息传递是语言的主要功能之一。通过语言，人们能够分享信息、思想和情感，从而建立联系和理解彼此。语言可以用于各种不同的情境，包括日常对话、学术研究、文学作品和商务沟通等。它使人们能够沟通、合作和分享知识，对社会和文化的发展起到了重要作用。信息传递也是翻译的核心任务之一，翻译者的目标是准确地传达源语言文本的信息和意义到目标语言中，确保信息在跨文化之间得以有效传递。

二、语言多样性

语言多样性的重要性在高校教育中是不可忽视的。理解和尊重不同语言和文化背景的学生是构建包容性教育环境的关键。高等教育机构需要采取措施，以确保不同语言背景的学生能够融入学校社区，并获得平等的学习机会，这些方法包括提供多语种支持服务，鼓励多语言教学和学习，以及创建跨文化和跨语言的交流机会。通过这些措施，高校可以促进学生之间的互动和理解，同时提供支持，以确保语言多样性不会成为学习的障碍。此外，高校还可以鼓励学生学习多种语言，以提高他们的跨文化和跨语言能力，这对于他们未来的职业生涯和国际交流都非常有价值。

三、交际

交际是语言的一个核心功能，使人们能够在社交互动中有效地沟通和理解彼此。在高校教育中，交际起着至关重要的作用，具体体现在以下几个方面：教师和学生之间的交际是教育过程中的关键。教师需要与学生建立积极的互动关系，鼓励他们提问、分享想法和提供反馈。这种互动有助于学生更好地理解课程内容，激发兴趣，并提高学习效果。学生之间的合作和互动可以促进共同学习和知识分享。小组项目、讨论课和团队任务是提高学生交际能力的有效方式，也有助于他们学习协作和团队合作的重要技能。在跨文化环境中，交际能力对于理解不同文化背景的同学和教师之间的差异至关重要。高校教育应该致力于培养学生的沟通技能，包括口头表达、写作和演示。这些技能对于学生的学术发展和职业发展至关重要。学术界是知识交流和合作的关键领域。高校教育应该鼓励学生参与学术研究、发表论文和参加学术会议，以促进学术交流和合作。总之，交际是高校教育中不可或缺的一部分，有助于促进学习、理解不同观点、建立关系，并为学生的个人和职业发展提供了重要的技能和经验。高校教育应该致力于培养学生的交际能力，以使他们在未来的学术和职业生涯中取得成功。

四、信息理解

信息理解是语言的一个核心功能，涉及人们对文本、口头表达或其他形式的信息进行处理和解释的过程。在高校教育中，信息理解是学习和教学的重要组成部分，以下是一些与信息理解相关的关键概念和实践：高校课程通常要求学生阅读大量的文本材料，包括教材、论文等。阅读理解能力是学生学习的关键。教师可以采用不同的教学策略，如提问、摘要撰写、小组讨论等，帮助学生提高阅读理解水平。除了阅读，听力理解也是重要的学习技能。高校教育中的讲座、研讨会和课堂授课需要学生具备良好的听力理解能力。为了提高听力理解，学生可以积极参与听力练习和课堂互动。信息理解不仅涉及对信息的积极接受，还包括主动地思考、评估和分析信息的能力。批判性思维是培养学生独立思考的关键。教师可以鼓励学生提出问题、发表看法和参与辩论，以促进批判性思维的发展。在信息时代，学生需要学会有效地检索和管理信息资源。这包括使用图书馆资源、数据库、在线搜索引擎等，以获取所需的信息。高校图书馆和信息技术部门通过提供培训，帮助学生提高信息检索技能。学生通常需要从多个信息源中汇总、分析和综合信息，以支持他们的研究和学术项目。这需要整合不同来源的信息，确保信息的准确性和可信度。教育中应该强调信息伦理，即如何正确地引用和使用他人的信息，以及如何避免学术不端行为，如抄袭和剽窃。信息理解是一个综合性的能力，有助于学生更好地理解、应用和评估所学的知识。教育机构应该为学生提供培养信息理解能力所需的支持，以帮助他们在高校教育中取得成长。

五、语言的动态性

语言的动态性是一个重要的观点，特别是在高校教育领域。以下是一些关于语言动态性的重要观点：高校教育需要时刻跟进语言的变化，特别是在科技、社会和文化领域。新词汇、新短语和新表达方式不断出现，教育者需要了解它们，以便更好地与学生进行沟通。语言的动态性也受到文化的影响。不同文化背景下的学生可能使用不同的表达方式，了解这些文化差异对于建立有效的跨文化沟通至关重要。随着技术的发展，多模态沟通变得更加普遍。文字、图片、音频和视频等多种方式被用于传达信息。高校教育需要教授学生如何有效地利用这些不同的模态进行沟通和表达。社交媒体和在线平台已经催生了一种独特的网络语言和缩写词汇。教育者需要了解这些网络语言，以更好地与学生互动。高校教育应该保持开放和包容的态度，不仅尊重标准语言表达方式，还要尊重学生的个性化表达方式。鼓励学生在表达中保持创造性，并尊重他们的语言特点。高校教育还需要扮演一定的角色，帮助学生理解何时需要遵循特定的语言规范，尤其是在学术写作和正式沟通方面。总之，语言的动态性是不可避免的，它反映了社会和文化的不断演变。高校教育应该教育学生如何适应和利用这种动态性，以更好地参与全球化和多元化的交流和合作。

六、非言语交流

非言语交流在高校教育中也有重要的应用和影响。以下是一些关于非言语交流在高校教育中的重要观点：高校可以通过创造积极的教育氛围来鼓励非言语交流。这包括鼓励学生和教师之间的积极互动，以及提供适当的空间和资源，以支持非言语交流的发展。非言语交流技能对于学生的职业和社交发展至关重要。高校可以提供培训和工作坊，帮助学生提高肢体语言、面部表情和声音调整等方面的沟通技能。非言语交流可以在多文化和多语言环境中起到关键作用。高校应该鼓励包容性，尊重不同文化背景和沟通风格的学生，以促进跨文化理解。教师可以通过注意学生的非言语信号来更好地理解他们的需求和情感状态。这有助于调整教学方法，提高教育效果。非言语交流在演讲和表演艺术中尤为重要。高校可以提供戏剧和演讲课程，帮助学生发展表演技能和其他有效的非言语表达。总之，非言语交流在高校教育中有多种应用和影响，从促进学生的沟通技能到提高教育效果。高校可以通过关注和支持非言语交流的发展，为学生提供更丰富的教育体验。这对于他们未来的职业和社交成功都具有重要意义。

七、信息理论

信息理论在理解信息传递和处理过程中发挥着关键作用，特别是在通信、计算机科学和数据处理领域。以下是一些关于信息理论的重要概念：信息理论中的一个核心概念是信息量，它表示一个消息或事件的不确定性或意外性。信息量通常用比特（bits）来度量，表示信息的量。在信息传递中，信号（所传递的信息）通常伴随着噪声（不相关的信息或干扰）。信噪比是信号与噪声之间的比率，用来衡量有用信息与干扰之间的相对强度。高信噪比表示信息更容易被正确接收。信息需要以某种方式进行编码，以便在传输中传递。接收方需要对接收到的信息进行解码，以还原原始信息。编码和解码过程的效率对信息传递的成功至关重要。信息熵是信息理论中的一个概念，表示一个随机变量的不确定性。信息熵越高，意味着随机变量的可能性越多，不确定性越大。信息熵的计算在数据压缩和加密等领域中具有重要应用。信息理论在通信系统的设计和优化中发挥着关键作用，它帮助工程师了解如何最大化信息传递的效率，同时最小化信号丢失和噪声干扰。信息理论的原理用于数据压缩算法的开发，通过去除冗余信息和利用数据的统计性质，可以将数据压缩为更小的表示形式，从而节省存储空间和传输带宽。信息理论的概念也在密码学中扮演关键角色。加密算法利用信息理论的原理来确保信息在传输和存储过程中的安全性和机密性。总之，信息理论是一个涉及信息传递、处理和存储的关键领域，对于理解信息的量化、传递和保护方式非常重要。它在通信、计算机科学、电子工程、数据科学等多个领域都有广泛的应用。

八、信息过载

信息过载是一个重要的挑战，尤其在当今信息时代。这种情况可能对语言和信息传递产生多重影响：信息过载可能导致人们的注意力分散，难以集中精力理解和处理特定信息，这可能会影响他们对语言的理解和表达能力。面对大量信息，人们可能会不得不选择关注哪些信息，而忽略其他信息，可能会影响他们对语言和信息的选择。在信息过载的环境中，质量控制变得更加困难。人们需要更仔细地筛选信息源，以确保获得准确和可信的信息，这也涉及对语言的更高要求。信息过载可能会促使人们寻求更简洁、清晰和直接的信息传递方式，以便更有效地沟通，这可能会影响语言的使用和风格。为了更好地传达信息，人们可能会采用多种媒体和方式，如图像、视频和音频，而不仅仅依赖文字语言。在应对信息过载时，提高信息素养和信息管理能力变得尤为重要。这包括培养对信息的批判性思维、有效的搜索技能以及信息组织和筛选的能力。同时，语言和传媒教育也需要适应这一挑战，教导学生如何更好地理解和使用语言以应对信息过载。

了解这些概念有助于我们更好地理解语言与信息之间的关系，以及它们如何影响我们的日常生活和社交互动。信息和语言密切关联，是人类社会运作的重要基础。

第二节　英语翻译信息加工系统

英语翻译信息加工系统这个术语指的是涉及英语翻译的一种计算机或软件系统，旨在加工和处理翻译任务中的信息。这个系统包括以下功能。

一、机器翻译

机器翻译是一种利用计算机和人工智能技术将文本从一种语言翻译成另一种语言的方法。它可以用于英语翻译和其他语言之间的互译。以下是有关机器翻译的一些重要信息：机器翻译系统利用计算机程序，通过分析源语言文本的语法、词汇和结构，然后生成目标语言的等效文本。这个过程是自动化的，不需要人工干预。近年来，神经机器翻译（NMT）已经成为机器翻译领域的主要技术。它使用深度学习神经网络来改进翻译技术，使翻译更加流畅和准确。许多在线翻译工具和服务，如 Google 翻译和百度翻译，提供了方便的机器翻译功能。用户可以输入文本或网页链接，然后获得自动翻译的结果。机器翻译系统的质量通常取决于其训练数据和语言覆盖范围。一些广泛使用的语言拥有更多的训练数据，因此翻译质量更高，而较少使用的语言可能只有有限的翻译支持。尽管机器翻译已经取得了巨大的进展，但它仍然存在一些翻译不准确或不通顺的情况。因此，在专业翻译任务中，通常需要翻译人员进行后编辑，以确保翻译的质量。一些组织和企业会开发定制的机器翻译系统，以满足特定的行业需求或专业术语的翻译。这些系统通常需要训练以适应特定的上下文。总之，机器翻译是一项重要的技术，可以为英语翻译和其他语言之间的沟通提供便利。然而，尽管取得了显著进展，但机器翻译仍然存在一些挑战，特别是在处理复杂的或特定领域的文本时。因此，在关键任务和专业翻译中，通常需要人工翻译的支持和审查。

二、语言处理

在高校教育改革中，语言处理技术可以发挥重要作用，特别是在英语教育领域。以下是一些有关语言处理在高校教育改革中的应用和策略。

（一）自动化评估

利用自然语言处理技术开发自动化评估系统，用于分析学生的英语写作和口语表达。这些系统可以提供实时反馈，帮助学生改进语言技能。

（二）自适应学习

基于语言处理技术，创建自适应学习平台，根据学生的语言水平和学习进展提供定制化的教材和练习。这有助于提高学生的学术成就，并降低辍学率。

（三）多语言支持

利用多语言处理技术，开发多语言学习资源，以满足不同背景和需求的学生。这包括多语言字幕、翻译工具和多语言课程。

（四）智能教辅

开发智能教辅系统，利用语音识别和自然语言处理技术，为学生提供个性化的英语口语练习。这可以帮助学生提高口语流利度和发音准确性。

（五）语言教育研究

运用语言处理技术进行语言教育研究，分析学生的语言学习过程和难点。这有助于改进教学方法和课程设计。

（六）在线学习平台

集成语言处理技术应用到在线学习平台，以提供语言学习资源、互动练习和测验。这可以增强学生对英语课程的参与度。

（七）语言学习应用

推广使用语言学习应用程序，结合语言处理技术，为学生提供随时随地的学习机会。这可以增加学生的学习灵活性和便利性。

（八）教师支持

为教师提供培训，使他们能够充分利用语言处理技术，改进英语教育。这包括培训教师使用在线教育工具和语言分析工具。

综上所述，语言处理技术可以在高校英语教育中提供多种创新方法，帮助学生提高语言技能，同时也支持教师在课堂中更好地教授英语。通过充分利用这些技术，高校可以更好地满足学生的语言学习需求，推动教育改革的成功实施。

三、词汇资源

在高校教育改革中强化词汇资源的使用是一个有益的策略，尤其是对于语言课程和翻译学科。以下是关于如何有效地利用词汇资源的建议。

（一）多媒体词汇资源

利用多媒体资源，如在线词典、词汇学习应用平台，以提供多样化的词汇学习体验。这些资源可以包括发音示范、图像示意和实际用法示例，有助于学生更好地理解词汇。

（二）词汇表和词典

提供学生词汇表和词典，以便他们随时查阅和学习新词汇。鼓励学生建立个人的词汇笔记本，记录他们遇到的新词汇和短语。

（三）同义词库

建立同义词库，帮助学生扩展他们的词汇选择。同义词库可以帮助学生更具表达力地写作和表达观点。

（四）词汇测验

定期进行词汇测验，以评估学生的词汇掌握程度。这可以激励学生积极学习新词汇，提高他们的语言能力。

（五）实际应用

鼓励学生在写作和口语练习中积极运用新学到的词汇。提供实际情境下的练习，帮助学生更好地理解词汇的用法。

（六）个性化学习

了解每位学生的词汇需求，根据他们的水平和兴趣为他们提供个性化的词汇学习资源。这可以提高学习的效果，因为学生可以更专注于他们感兴趣的领域。

（七）文化背景

考虑到文化背景的差异，确保学生理解不同文化环境中的词汇含义和用法。通过有效地使用词汇资源，高校可以提高学生的语言技能，增强他们的表达能力，并为他们的学术和职业发展提供更强大的语言工具。

四、机器学习和人工智能

机器学习和人工智能在英语翻译信息加工系统中的应用可以提高翻译质量和效率。以下是一些可能的应用方式。

（一）自动翻译改进

利用机器学习模型来改进机器翻译的质量。这包括提高翻译的准确性、流畅性和文化适应性。通过深度学习算法，系统可以不断学习和适应新的语言变化和翻译挑战。

（二）智能翻译建议

利用自然语言处理技术和人工智能，系统可以为翻译者提供实时的翻译建议。这有助于提高人工翻译的效率和准确性，同时为翻译者提供支持。

（三）语言处理和理解

基于机器学习的系统可以处理英语文本的各个方面，包括语法、语义和情感。这有助于系统更好地理解文本内容，从而进行更精确的翻译。

（四）用户反馈和学习

系统可以分析用户的反馈和翻译历史，以不断提升翻译质量。通过收集用户的评价和建议，系统可以进行自我优化。

五、多语言支持

多语言支持是人工智能系统的一个重要功能，可以为全球用户提供更广泛的服务和更好的用户体验。以下是多语言支持的一些关键方面：多语言支持首先需要能够识别和理解不同语言的能力。这包括语音识别、文本分析和自然语言处理技术，以确保系统可以处理各种语言的输入。为了提供多语言支持，系统需要集成翻译服务，将用户的输入或内容翻译成其他语言。这可以包括实时语音翻译、文本翻译以及多语言支持的虚拟助手。不同语言和文化之间存在很大差异，系统需要考虑到这些差异，以避免造成误解或文化冲突。这可能涉及根据语境调整翻译，以及提供文化适宜的内容和建议。为了提高多语言支持的质量，系统可以不断学习和改进其语言处理能力。这可以通过机器学习和数据驱动的方法来实现，系统可以从用户的反馈中学习并不断提升性能。为了确保多语言用户的良好体验，系统的用户界面和文档需要提供多语言版本。这包括界面本身的翻译、日期、时间和货币格式的本地化等。系统需要使用多语言数据集进行训练和测试，以确保其在各种语言上的性能。这些数据集应该包括各种不同语言的文本和语音样本。多语言支持也需要考虑各个国家和地区的法规和隐私要求。系统必须确保用户数据的安全，并遵守适用的法规。总之，多语言支持对于人工智能系统来说非常重要，它可以扩大用户群体，提供更广泛的服务，并促进跨文化交流和合作。然而，实现多语言支持需要复杂的技术和资源，并需要不断改进以满足不断变化的语言需求。

六、实时语音翻译

实时语音翻译是一项强大的技术，可以在跨语言交流的各种场景中提供实用性和便利性。以下是关于实时语音翻译的一些关键信息和优势。

（一）如何实现实时语音翻译

实时语音翻译的基础是语音识别技术，它可以将说话者的语音转化为文本。这需要先进的自然语言处理算法和深度学习模型。一旦语音被转化为文本，机器翻译技术可以将文本翻译成目标语言的文本。这也需要先进的自然语言处理和机器翻译模型。翻译后的文本可以使用语音合成技术转化为目标语言的语音，说给听众。

（二）实时语音翻译的优势

实时语音翻译在国际会议和商务会谈中非常有用，可以帮助不同语言背景的人们进行流畅的交流，促进全球合作。对于旅行者来说，实时语音翻译可以帮助他们在陌生的地方获得基本信息、与当地人沟通以及解决语言障碍。在紧急情况下，实时语音翻译可以帮助急救人员与不同语言背景的患者进行有效沟通，提供紧急医疗服务。实时语音翻译可以促进国际教育合作和学术交流，使学生和研究者能够跨越语言障碍合作研究。通过实时语音翻译，人们可以更容易地了解和分享不同观点、艺术和传统。实时语音翻译可以节省时间，因为它能使人们直接交流，而无须等待翻译。

（三）面临挑战和改进空间

实时语音翻译的准确性仍然是一个挑战，特别是在处理口音、方言和特定行业术语时。虽然已经有很多语言可以进行实时语音翻译，但覆盖范围仍然有限。扩展支持的语言将是一个重要目标。语音数据的隐私和安全问题需要得到妥善处理，以防止滥用或侵犯个人隐私。总的来说，实时语音翻译技术有望为全球社会带来更好的交流和合作机会，但需要不断地进行技术改进，并确保隐私安全。

七、文化适应性

文化适应性是在机器学习和自然语言处理系统中非常重要的一项考虑因素。确保翻译和文本处理在文化上更为智能，可以帮助避免文化误解，提高跨文化沟通的质量，并尊重多样性。以下是一些关于文化适应性的关键要点：不同地区和文化中常常存在语言的变体和方言。系统应该能够识别并适应这些变体，以提供更准确的翻译。例如，英语在英国和美国有很多差异，需要根据文化背景选择适当的翻译方式。每个文化都有其独特的俚语、谚语和特定的表达方式。系统需要了解这些表达，并在翻译中保留其文化含义，而不是直译。系统应该尊重文化差异，避免在翻译中引入偏见、歧视或冒犯性内容。这需要训练模型识别和避免不适当的翻译。为机器学习模型提供文化敏感性的培训是重要的，这可以通过引入多样性的文化背景和语言示例来实现。允许用户提供反馈并纠正翻译中的文化误解是改进系统的一种方法。系统可以从用户的反馈中学习并不断改进。为了提高文化适应性，系统需要使用多语种文本和数据集进行训练和测试，这样可以更好地理解不同文化之间的语言差异。系统可以利用文化背景信息，如地理位置、用户配置文件中的文化偏好等，来实现个性化翻译和内容推荐。在开发文化适应性方面，文化专家的参与非常重要。他们可以提供关于文化差异和敏感性的有价值的见解。总之，文化适应性是为了确保翻译和文本处理系统能更好地服务于全球多样化的用户群体。通过考虑文化差异，系统可以更好地满足不同文化和语境下的用户需求，促进跨文化交流和理解。

八、用户界面

用户界面对于语言翻译和交流系统至关重要，它的设计应该用户友好、直观且易于使用。以下是关于用户界面的一些关键要点。

（一）简单直观的设计

界面设计应该简单直观，使用户能够轻松找到所需的功能和选项。避免复杂的布局和功能过载，以确保用户不会感到困惑。

（二）多语言支持

界面应该支持多种语言，以方便全球用户的使用。用户应该能够选择他们的语言作为首选界面语言。

（三）文本输入和语音输入

用户应该能够选择输入文本或语音，具体取决于他们的首选方式。提供文本框或语音识别按钮，以便用户输入内容。

（四）目标语言选择

用户应该能够轻松选择目标语言，确保文本或语音翻译为所需的语言。提供一个下拉菜单或语言选择器，使用户可以方便地切换目标语言。

（五）实时翻译

对于需要实时语音翻译的用户，提供一个实时翻译按钮，允许他们在对话中进行实时翻译。

（六）清晰的反馈

在用户输入文本或语音后，提供清晰的反馈，确认翻译已经完成，并显示翻译结果。使用易于阅读和可理解的字体和颜色。

（七）历史记录

提供历史记录功能，允许用户查看以前的翻译记录，方便他们回顾和管理翻译内容。

（八）用户支持和帮助

提供用户支持和帮助信息，包括常见问题解答、用户指南和联系方式，以便用户获取帮助和支持。

（九）可访问性

确保用户界面对于不同能力和需求的用户都是可访问的。考虑使用屏幕阅读器和其他辅助技术的用户。

（十）安全性和隐私

对于包含敏感信息的内容，确保界面提供安全的传输和存储方式，以保护用户的隐私。

（十一）移动设备兼容性

考虑移动设备上的界面设计，确保系统在智能手机和平板电脑上同样易于使用。

（十二）反馈和改进机制

鼓励用户提供反馈，以便不断改进用户界面和系统性能。

用户友好的界面设计可以优化用户体验，增加系统的可用性，并促使更多用户使用翻译和交流服务。考虑到多语言支持和全球用户的需求，一个设计良好的用户界面尤为重要。

九、定制和适应性

定制和适应性是在特定领域或行业中实现更精确和更有针对性翻译的重要功能。允许用户根据特定需求进行定制可以提高翻译系统的灵活性和实用性。以下是关于定制和适应性的一些关键要点。

（一）领域专业化

允许用户选择特定的领域或行业，如医学、法律、技术等，以获取相关领域的专业化翻译。提供预定义的领域选项，以便用户可以选择最适合其需求的领域。

（二）自定义术语库

允许用户创建自定义术语库，以包含特定领域或行业的专业术语和短语。这些自定义术语库可以用于翻译过程中，确保特定术语的一致性和准确性。

（三）机器学习模型的微调

提供高级用户或专业用户选项，以微调机器学习模型，进而适应特定领域的需求。用户可以上传领域特定的文本数据，帮助模型更好地理解该领域的语言和术语。

（四）定制化输出格式

允许用户选择输出格式，以满足其特定的需求，如特定文件格式、报告样式或排版规则。这有助于用户将翻译结果直接集成到工作流程中。

（五）评估和反馈机制

提供用户评估和反馈机制，以帮助改进定制化翻译的质量。用户可以提供反馈，以识别并改进特定领域或行业的翻译问题。

（六）多模式翻译

允许用户在不同模式之间切换，如通用模式和特定领域模式，以满足不同的翻译需求。

（七）保障隐私和安全

确保用户的定制化数据和术语库得到保护，遵守隐私和安全标准。

（八）培训和支持

提供培训和支持资源，以帮助用户更好地利用定制和适应性功能。

总之，英语翻译信息加工系统是一种综合性的工具或平台，旨在帮助用户更轻松、准确地处理英语文本的翻译任务，并提供多种功能来改进翻译质量和效率。这类系统通常结合了语言处理技术、机器学习和人工智能，以实现自动化翻译和信息处理。

第三节　基于信息加工理论的翻译过程模式

信息加工理论是一种心理学理论，用于解释人类如何接收、处理和理解信息。在翻译研究中，这一理论被用来分析和理解翻译过程中的认知活动和决策。

基于信息加工理论的翻译过程模式将翻译过程描述为一个认知活动序列，涉及感知、编码、存储、检索和执行等阶段。以下是一个简化的基于信息加工理论的翻译过程模式。

一、感知

感知是翻译过程的起始阶段，涉及译者接收和理解源语言文本或语音的能力。在这个阶段，译者需要将源语言信息输入自己的认知系统，以便后续的翻译工作。以下是与感知阶段相关的一些关键要点。

（一）文本或语音输入

译者可以通过阅读源语言文本或听取源语言语音来开始感知阶段。这取决于翻译任务的性质和形式，可以是书面翻译或口头翻译。

（二）专注和理解

译者需要集中注意力，以确保准确地理解源语言内容。这包括理解词汇、语法结构、上下文和语义。

（三）语言能力

译者的语言能力是感知阶段的关键。他们需要具备一定的源语言和目标语言能力，以便准确地理解和传达信息。

（四）文化理解

除了语言，译者还需要考虑文化因素。文化背景、隐藏含义和文化特定的表达方式都可能影响感知和理解。

（五）听力和阅读技能

对于口头翻译和书面翻译，分别需要出色的听力和阅读技能，这包括快速的信息处理和理解。

（六）关键信息提取

译者在感知阶段通常需要从源语言内容中提取关键信息，以确定哪些部分需要翻译。

（七）笔记和标记

有时译者可能会在感知阶段进行笔记或标记，以帮助后续的翻译工作。这可以包括标记生词、难以理解的部分或需要特殊处理的内容。

（八）专业背景知识

对于特定领域的翻译任务，译者的专业背景知识也可能在感知阶段发挥作用，帮助他们更好地理解专业术语和内容。

感知阶段对于整个翻译过程至关重要。如果在这个阶段发生误解或遗漏，可能会导致翻译的不准确。因此，译者在感知阶段需要特别谨慎和专注，以确保正确地捕捉源语言的含义和信息。

二、编码

编码是将源语言信息转化为目标语言的过程，通常由翻译人员或计算机程序完成。在这个过程中，存在以下步骤：译者或翻译程序会识别源语言中的单词和短语。这包括了解源语言中的各种词汇和其可能的含义。译者会分析源语言句子的语法结构，以确保目标语言句子在语法上是正确的。这包括识别主语、谓语、宾语等语法成分，并确保它们在目标语言中的对应成分正确。在此阶段，译者或翻译程序会理解源语言句子的语义内容。这包括确定句子中的主题、含义、上下文和可能的歧义。一旦源语言信息的词汇、语法结构和语义内容都被理解，译者或翻译程序会将其转化为目标语言的等效部分。这可能涉及选择合适的目标语言词汇、重新构造语法结构，以及确保目标语言句子传达与源语言相同或相似的含义。在编码过程中，译者还需要考虑文化和语言之间的差异，以确保翻译结果在目标文化和语言环境中是合适的。这可能涉及调整表达方式、避免敏感话题或确保翻译在目标文化中具有自然性和可接受性。总的来说，编码是将源语言信息转化为目标语言信息的复杂过程，要求译者或翻译程序具备强大的语言和文化理解能力，以确保翻译的准确性和流畅性。这一过程可以在不同的翻译场景中应用，包括笔译、口译和计算机辅助翻译等。

三、存储

在翻译过程中，信息存储是一项重要的任务，它有助于提高翻译的一致性、效率和质量。以下是一些常见的信息存储方式：译者通常会存储已经翻译的部分文本，以确保整个翻译文档在内部保持一致。这有助于避免在后续翻译中出现不一致或重复的情况，提高整体质量。在翻译过程中，译者可能会遇到频繁出现的特定词汇或短语。为了确保这些词汇或短语在翻译中保持一致性，译者可以将它们存储在记忆库中，以便在需要时进行参考和重复使用，这种记忆库通常被称为术语库或词汇表。有些翻译系统或翻译者可能会在翻译过程中构建内部模型，以帮助理解源语言和目标语言之间的关系，这可以包括句法分析树、语义关联图等，这些内部模型有助于更好地理解和处理复杂的句子结构和语义。对于长期或复杂的翻译项目，译者可能需要存储和管理项目相关的文档、参考资料和注释，这有助于保持翻译项目的组织性，并确保翻译的一致性和准确性。许多专业译者使用计算机辅助翻译（CAT）工具，这些工具具有记忆库和术语库功能，可以自动存储和检索翻译片段，以提高翻译效率和一致性。

总之，信息存储在翻译过程中发挥着重要的作用，可以帮助译者更好地处理和管理翻译任务，提高翻译的质量和效率。这种信息存储也有助于建立翻译专业的经验和知识库，使译者在未来的工作中受益。

四、检索

检索存储的信息在翻译过程中是常见的操作，可以帮助译者解决各种问题，提高翻译的准确性和效率。以下是一些在翻译中常见的信息检索方式：译者可以使用术语库或词汇表来查找专业术语的翻译，这对于处理特定领域的技术或专业文本非常有用，以确保术语在翻译中保持一致性。有时，源语言中的词汇可能没有直接的等效词汇，或者有多个可能的翻译。在这种情况下，译者可以检索同义词或近义词，找到最合适的翻译。译者可能需要查找特定语法规则或句子结构的信息，以确保目标语言中的语法正确，这对于处理复杂句子或语法差异较大的语言尤为重要。译者可以回顾先前翻译的部分或源文本的上下文，以确保翻译的连贯性和一致性，这也有助于理解特定词汇或表达在特定上下文中的含义。译者可能需要查阅外部参考资料，如专业文献、词典、百科全书等，以获取相关信息和背景知识，帮助他们更好地理解源文本并进行翻译。许多计算机辅助翻译（CAT）工具具有自动检索功能，可以根据已翻译的文本段落自动提供建议，从而减轻译者的工作负担。译者还可以使用互联网搜索引擎和在线翻译资源来获取相关信息和参考，特别是在处理新兴或小众领域的文本时。信息检索是翻译过程中不可或缺的一部分，它能帮助译者解决语言和文化差异引起的问题，提高翻译的质量和准确性。在数字化时代，计算机辅助工具为译者提供了更多便捷的信息检索选项。

五、执行

执行是翻译过程的最后一步，这是将存储和检索的信息应用于目标语言的生成阶段。在执行阶段，译者或翻译程序将已经编码和存储的信息用于生成自然流畅的目标语言翻译。以下是执行阶段的一些关键步骤：译者需要选择适当的目标语言词汇来表达源语言中的含义。这可能涉及从存储的术语库或词汇表中选择合适的词汇，或者使用已经检索到的同义词或近义词。译者需要确保所生成的目标语言句子在语法上是正确的，这包括确保主语—谓语—宾语等语法成分的正确匹配和句子结构的一致性。不同的文体和语境可能需要不同的语言风格。译者需要考虑目标受众以及文本类型，以确定使用何种语言风格，如正式、口语、学术或商务风格。译者必须确保翻译文本在整体上保持一致性，包括使用相同的翻译术语、语法结构和风格，以避免混淆或不一致。在生成目标语言翻译后，通常需要进行审校和核对，以确保翻译的质量和准确性。这包括检查拼写、语法和逻辑错误，并对翻译是否符合原文的含义进行评估。译者还需要考虑目标文化的特点，以确保翻译在文化层面上合适和可接受。这包括避免敏感话题、符合文化习惯和礼仪等。执行阶段需要译者具备深厚的语言和文化知识，以确保翻译的质量和准确性。在使用计算机辅助翻译工具的情况下，执行阶段可能涉及编辑和调整计算机生成的翻译以提高其质量和流畅性。总之，执行是将源语言转化为目标语言的关键步骤。需要注意的是，翻译过程是一个高度认知的任务，涉及语言理解、文化背景知识、专业知识和判断力。基于信息加工理论的模式，能够帮助我们理解翻译是如何进行的，但也强调了翻译过程中译者的认知活动和决策制定的复杂性。

这种理论有助于研究者和从业者更好地理解翻译过程中的各个阶段，并可以用来改进翻译培训和工具的设计。然而，需要注意的是，翻译是一个多层次、多因素的任务，不仅仅局限于信息加工，还包括文化、语境和创造性的因素。因此，信息加工理论只是理解翻译过程的一个方面。

第六章　英语实用文体翻译

将翻译活动置于跨文化语境的视角下，是时代对商务活动的要求，也是翻译研究发展的需要。本章将分别针对商务文体、广告文体、旅游文体及文学作品中的英语翻译进行实践分析。

第一节　商务文体翻译

一、商务英语的内涵

商务英语（Business English），顾名思义是指在跨文化商务交际过程中所使用的英语。商务英语是服务于商务活动的一种具有专门用途的英语体系。随着世界各国经济的快速发展，以及越来越明显的经济全球化趋势，商务英语逐渐成为跨文化商务活动中重要的交际工具，以及人与人之间沟通的桥梁。商务英语服务对象的特殊性，决定了商务英语在用词、句法、文体等方面与传统的英语有许多不同之处。

在我国，商务英语主要应用于国际贸易与交流，因此也被称为“外贸英语”（Foreign Trade English）。商务英语在大学教育中指的是商务英语专业下的商务英语学科知识体系，主要用来传递知识与信息，能够突出反映国际商务学科领域的特征和发展情况，具有明显的学科性。

从字面意义上理解商务英语，可以发现其包含着“英语”和“商务活动”两部分。但是商务英语的含义绝不是这两部分的简单相加，而是这两部分的互相融合、互相渗透，缺一不可。

商务英语是一种职业语言，有其使用的特定语言环境。同时，商务活动和语言是密不可分的，商务活动的顺利进行需要商务活动参与人对语言的合理运用及对词汇语法资源的适当掌控。

二、商务英语的文体特点

（一）格式规范统一

商务英语是国际上处理各类商务事宜时使用频率最高的语言之一。来自不同国家、不同地区的人大多以英语为媒介协商与处理相关事务，从而实现各自的预期目标。这就要求商务英语采取统一、规范的格式，尤其是在一些具有重要意义的法律文件中。只有采用了统一、规范的文本，才能使交易双方的权利、义务用文字明确下来，确保来自不同国度、使用不同语言的贸易双方的权益不受侵害，为双方顺利开展贸易合作打下坚实的基础。

（二）表述条理清晰

商务交际具有复杂性与高效性的特点，这就要求商务英语的表述必须做到主次分明、条理清晰。具体来说，商务英语应使用相对固定的表达形式，极力避免逻辑混乱、态度暧昧或观点不清等问题，必要时还可以附上范例、说明、图示等。这样才能使交易伙伴在最短的时间内把握核心内容，并做出回应。下面以商务说明书为例进行分析。

商务说明书常常通过对产品的性能、原材料、功能等方面的介绍，达到宣传产品、吸引消费者的目的。为此，商务说明书往往是在对顾客心理进行深入分析的基础上，按照顾客的思维逻辑来组织语言的，其目的在于吸引顾客的注意力，促使顾客驻足购买。概括来说，商务说明书通常遵循“标题—正文—落款”的表述条理。

（三）措辞婉转礼貌

为了创造和谐、友好的交际环境，营造良好的交际氛围，商务英语通常使用一些礼貌、委婉的表达方式。这对于交际双方避免尴尬与冲突、妥善处理矛盾与纠纷具有不可估量的作用。概括来说，商务英语的委婉、礼貌通常有以下五种表现方式。

1. 使用过去时

商务英语中使用一般过去时来表达现在的愿望、请求、建议等，既可以创造出一种时间距离，又可以表达商量的语气，从而给对方留有足够的余地，促进交际的顺利进行。

2. 使用进行时

由于进行时常表示正在进行的动作，因此商务英语常通过使用进行时来表达观点。这就意味着请求不是深思熟虑的结果，而更像是一时的想法，从而使双方都保全了面子。此外，使用进行时还可以礼貌地使对方也参与到对话中来。

例：We were discussing the terms of payment and the shipment.

译文：我们昨天讨论了付款方式和装船事宜。

本例使用了进行时，这就使听话人感觉交流尚未结束，自己可以随时加入，因而营造了良好的谈话氛围。

3. 使用虚拟语气

国际商务活动常涉及交易价格、保险、装运、索赔等与利益相关的敏感内容。双方在交际过程中常常会提出自己的意见，当不能得到满意答复时，甚至会提出请求乃至命令。为将交际中“威胁对方面子”的负面影响降至最低，商务英语常使用虚拟语气

4. 弱化肯定语气

一些具有弱化功能的表达方式，如“think”“hope”“regret”“please”等词可使建议更加容易被接受，从而有利于商务交际目标的实现。

5. 委婉否定

当交际一方不能接受对方的请求或建议时，如果直接使用否定句“I can not accept at all”或“I don't agree”，既会损害对方的面子，也不利于取得满意的沟通效果。此时，交际方应使用一些固定的委婉拒绝表达法。

例：We presume that there must be some reason for your having trouble with this article.

译文：我们认为你们在这项条款上一定有什么困难之处。

本例没有直接使用否定句，而是从对方角度出发来进行分析，其礼貌度和可接受度比直来直去要好得多。

（四）语言简练清晰

随着社会的发展与科技的进步，人们的生活节奏在逐渐加快，越来越多的人更加重视商务活动的交际效率。具体来说，商务活动的参与者越来越希望在更短的时间内处理更多的问题，实现更大的交际效益。因此，在交际过程中，商务英语的表达必须简练明了，避免模棱两可、拖泥带水，甚至烦冗重复。试比较下面几组句子。

（1）We will write to you at an early date.

（2）We will write to you soon.

译文：我们会马上给您回复。

（1）I am afraid I am not in the position to grant your request unless you inform me of the reason why you need this information.

（2）I am afraid I cannot provide this information unless you tell me why you need it.

译文：很抱歉，如果你不能告诉我你为何需要此信息，我就不能告诉你。

以上两组中的（1）句均存在用词啰嗦冗余的问题，而（2）句在保持原意的同时使用了简洁的方式，从而使语句内容更加清晰，行文更加流畅。

此外，为使表达更加简练，商务英语还常省略"that""which"等关系代词或连接词。例如：

（1）We are pleased that we have received the catalogue that you sent us on January 1st.

（2）We are pleased to have received the catalogue sent to us on January 1st.

译文：我们很高兴收到了 1 月 1 日寄来的目录簿。

在上面的句子中，（2）句既保留了原意，又通过省略"that""which"等词，使表述更加简洁明了。

三、商务文体翻译文化对比研究

中文和英文本身都具有自身的明显特性。两种语言无论在翻译理论方面，还是在翻译实践中，都渗透着各自不同的文化特色。通过对比中国和英语国家语言和文化的不同，可以为不同语言和文化地区的人们更好地搭建沟通桥梁。中文和英文的差异，除了词型、拼写、发音、语法等不同，在翻译中更重要的方面是对词、句、篇等的对比处理，对于一些特殊领域和具有特定文化内涵的内容，还需要在语用方面进行对比分析。下面我们就从商务英语翻译中的词语、句子、篇章、语用四个方面来简要说明翻译过程中语言和文化因素的影响。

（一）词语的对比

商务文章中的词语，除了具有本民族的文化色彩，往往还具有很强的专业性，一个词语往往有很多不同的意思。译者在翻译时除了要看词语的一般含义，还要结合具体商务文化背景来推测其真正含义，同时还要注意目的语的专业性。词语的对比翻译主要遵循的原则是：从词语的字面含义中筛选出符合词语所要表达意思的准确含义，这个含义同时也要符合译入语的语言和文化特征。如下面一段话：

It seems that，the more traders try to predict，the more it cannot be done. Just as we cannot predict future life events，we cannot predict future market events.The fantasy or "holy grail" that many traders believe in is that we can predict the future of price activity. The reality is that we just cannot! I hope I am not bursting any bubbles out there，but better to hear it now than lose a ton of money later!

译文：一般看来是这样的：交易者试图预测的越多，那么预测的结果就越不可行。就像我们无法预测未来的生活事件一样，我们也无法预测未来的市场情况。很多交易者相信幻想或“圣杯”的结果是：我们能够预测未来价格走势的发展方向。现实则恰恰相反，我们做不到。我希望大家不要认为我是在突发奇想，而最好是现在听听，总比日后失去大量金钱要好得多。

英文中的“holy grail”具有很强的西方文化特色，而汉语中没有特定文化内涵的词语与之相对应，除了按照字面意思翻译成“圣杯”，还要进行相应的处理，如用加注的方式予以解释。这样我们就可以基本理解“圣杯”的含义了。

另外，在翻译教学实践中，我们发现很多学生都将“trader”这个词翻译成“贸易者”或“贸易人员”。这样的译法显然没有注意到该词所处的语言环境，有失汉语专业性。因此，译者在翻译时除了在理解原文词语意思的基础上翻译，还要根据具体的商务背景来选择合适的汉语词语进行准确的专业性表述。这也是不可忽视的一个方面。

（二）句子的对比

英语是一种注重主语（subject-prominent）的语言，它的基本形式是主语和谓语的一致。这个基本架构的扩展机制，在于从属成分与它的有序挂靠。而汉语是注重话题（topic-prominent）的语言，它的主语和谓语不一定具有英语中那种严格的形式关系。因此，在翻译时，我们应该根据英汉句子各自的语言结构特点对源语言的句子结构进行相应的调整，以符合目的语的结构文化特征。句子结构的调整主要是语序的变化，即句子成分和句子之间排列次序的变化。句子的调整还可以是句子成分的变化和增减，如下面的例子就是将英文中的主语翻译成汉语中的动词，当然词的顺序也必须做相应的调整。

例 1：The installation should be commenced as soon as all the remaining problems have been cleared up.

译文：待剩下的问题都解决之后就立即开始安装。

英汉翻译过程中对句子的处理方式存在很多逻辑上的重组现象。根据篇章中句子的排列特征，我们可以把篇章中的句子结构从空间结构、时间顺序和时空共构三个方面进行划分。下面一句话的翻译就是在空间结构上进行了较大的调整。

例 2：Since World War II, the American economy has been on a “throw-away” basis, making shoddy-products that break or wear out quickly on the theory that the sooner product wears out, the sooner the need for purchase.

译文：按照商品耗损得越快、消费品就越需要更新的理论，美国在第二次世界大战以后将经济建立在了“用过就扔”的基础上，生产出很快就破损的次品。

（三）篇章的对比

翻译活动所处理的不是一个个孤立的词句，而是由互相关联和制约的词语和句子，按照一定的交际目的，及一定的格式，有机地组合在一起的语篇。实际上，语篇的研究主要体现在语篇的结构和语境研究上。针对语篇层面，译者必须了解商务领域的行业规范和背景知识，熟悉商务运作各个环节所使用的成套术语和各类商务语篇的表述模式与结构，不说外行话，要确保译文的专业性、整体性、礼貌性，并努力使译文的语气与原文一致，传达相同的功能。

下面是一篇英文商务信函文，文章表达简洁明了，句子衔接紧密、连贯紧凑，又不失专业性表述和规范，礼貌得体。

Dear Sirs,

We learn from Thomas H.Pennie of New York that you are producing handmade gloves in a variety of artificial leathers.There is a steady demand here for gloves of high quality at moderate prices.

Will you please send us copy of glove catalogue, with details of your prices and terms of payment? We should find it helpful if you could also supply samples of these gloves.

Yours faithfully

Tony Smith

译文：

尊敬的先生：

我公司从纽约的托马斯 · H. 彭涅公司处敬悉贵公司生产各类手工制人造皮手套。本地区对中等价位的高品质手套一向有稳定的需求。

请惠寄贵公司的手套目录一份，详述有关价目与付款条件。希望贵公司顺带惠赐样品。

采购部主任

托尼 · 史密斯

基于中英语言文化的不同，上述译文并不是按照逐字对应的方式翻译的，而是按照中文的商务信函用语把英文的意思完整地表述出来。因此，商务篇章的翻译需要在对比中英不同语言文化的基础上进行。

（四）语用的对比

翻译研究无论在理论上还是实践中，都离不开语境和对语境的研究。翻译活动中的语境可以是文化语境，即语篇外的文化背景，可以是情景语境，即源语读者和目的语读者作为共享的语境知识，也可以是文本语境，即语篇内的信息内容。语用学是研究语言使用的科学，无论哪种语用学理论都是以语境为核心研究内容。语用翻译对比研究，实际上就是翻译过程中在对比源语言和目的语的各种语境（文化语境、情景语境和文本语境）后所做出的既符合源语言语境又符合目的语语境的目的语最优选择。在英汉商务翻译中对比不同的商务、语言、文化环境，然后总结出符合目的语语言文化的语言，使目的语读者能原汁原味地体会原文的语用目的。如下面一段英文：

Mr.Soros'quantum fund is reputed to have made a billion dollar profit speculating against Sterling during the most recent EMS crisis.The Malaysian national bank, whose then governor is now otherwise occupied, lost more than that betting the other way（ironically, Mr.Soros himself admitted to losing $600 million in speculation，notably in the Yen, early in 1994）.

这段英文虽然不长，但是有很多专业术语和特定的文化背景。其中，EMS 在我们的印象中是特快专递，但这里的语境显然不是这个意思，在翻译成中文时应该进行说明，以让中国读者明白这个词的确切含义。下面的译文就使用了希基在他的言后等效翻译理论中所提及的翻译过程中的解释方法。

译文：索罗斯先生的量子基金因为在最近 EMS（European Monetary System，欧洲货币体系）危机中投机英镑挣取了十亿美元而声名鹊起。当时由政府控制而现在已改换门庭的马来西亚国家银行却在另一场赌博中输掉了更多的钱（具有讽刺意味的是，索罗斯本人承认在有名的 1994 年日元投机风波中输了 6 亿美元）。

语用翻译的研究涉及语用学的方方面面，如指示语的翻译研究、语用预设的翻译研究、会话含义理论的翻译研究、言语行为理论的翻译研究、礼貌原则的翻译研究、关联理论的翻译研究、适应理论的翻译研究、对比语用学的翻译研究、社会语用学的翻译研究、修辞语用学的翻译研究、跨文化语用学的翻译研究等。无论是什么样的方法，我们在翻译时都应考虑不同语境的存在，根据原文语境来翻译，这样才能不失原文的根本含义。

综上所述，中英商务翻译过程中除了考虑词语字面本身所表达的意思，还要考虑两种语言在词语、句子、篇章和语用四个方面的语言文化差异，通过语言文化的对比，使翻译过来的目的语充分传达原文本意，符合读者的要求。

四、功能翻译理论

功能翻译理论是翻译学中的一种重要理论框架，它强调翻译的主要目标是传达源文本的功能和意义，而不是仅仅逐字逐句地翻译。在商务英语翻译中，功能翻译理论具有特别的重要性，因为商务交流的目的是传递信息、促成交易和建立业务关系。以下是功能翻译理论在商务英语翻译中的应用和重要性：功能翻译理论强调翻译应该满足目标语言受众的需求。在商务英语翻译中，这意味着译者需要考虑目标读者或听众的背景、文化、专业领域和期望，以确保翻译文本在目标文化和社会背景中具有相似的效果。功能翻译理论认为，翻译的主要任务是传达源文本的功能等效，而不仅仅是字面等效。在商务英语翻译中，这意味着译者需要选择合适的语言和表达方式，以达到与源文本相似的功能和意义。功能翻译理论也考虑了文化因素的重要性。在商务英语翻译中，文化因素包括商业礼仪、社交习惯、商业惯例和法律法规等。译者需要适应不同文化之间的差异，以确保翻译的有效性。功能翻译理论强调了翻译的可理解性。在商务英语翻译中，这意味着译者需要使用清晰、简明和专业的语言，以便目标受众能够轻松理解和接受翻译文本。商务英语翻译的主要目标是实现商业目标，如建立合作关系、促进销售和支持业务决策。功能翻译理论有助于确保翻译文本能够有效地达到这些目标。总之，功能翻译理论在商务英语翻译中强调了翻译的实际功能和目的，而不仅仅是语言形式的传递。它有助于译者理解翻译的复杂性，同时提供指导，以确保商务英语翻译满足目标受众的需求，并在商业环境中发挥有效作用。这种方法有助于建立信任、促进合作，并实现商务成功。

五、质量评估模型

质量评估模型在商务英语翻译中起着重要的作用，它们帮助评价翻译的质量并提供指导，以确保翻译达到高水平的标准。以下是一些常见的质量评估模型，它们通常考虑翻译的准确性、流畅性、等价性和文化适应性等因素。

（一）DAVENPORT 模型

DAVENPORT 模型是一种被广泛使用的质量评估模型，它强调翻译的准确性、一致性和流畅性。该模型将翻译分为以下四个方面进行评估：术语和词汇的准确性；文法和语法的正确性；一致性和风格的统一性；目标语言的流畅性。

（二）LISA 模型

LISA 模型是质量评估的另一个常用模型，它着重考虑了等价性、信息准确性和流畅性。LISA 模型的元素包括源语言和目标语言之间的意义等价性；语法和结构的等效性；确保翻译文本传达正确的信息；翻译在文化上是否合适，是否符合文化习惯和礼仪。

（三）ISO 17100 标准

这是国际标准化组织发布的一项翻译服务标准，它涵盖了翻译的各个方面，包括资源管理、核查和质量控制。该标准要求评估翻译的质量，确保其准确性、一致性和流畅性。

（四）TAUS 评估模型

TAUS（Translation Automation User Society）是一个翻译和本地化领域的协会，它提供了多种质量评估模型，用于评估机器翻译和人工翻译的质量。这些模型考虑了机器翻译的特定因素，如自动评分和术语一致性。

这些质量评估模型提供了有组织的方法，用于评估商务英语翻译的质量，并帮助译者和翻译服务提供商改进翻译过程。它们有助于确保翻译满足专业要求、客户期望和文化适应性，从而在商务环境中实现成功的翻译交流。

六、社会构建主义

社会构建主义是一种重要的文化和社会理论，它强调语言、文化和社会实践之间的密切关系。在商务英语翻译中，社会构建主义理论具有重要的应用和意义，以下是关于社会构建主义在商务英语翻译中的应用和重要性的阐述：社会构建主义理论强调文化是社会建构的产物，因此文化因素在翻译中具有重要的地位。在商务英语翻译中，译者需要深入了解源语言和目标语言文化之间的差异，以确保翻译文本在文化上合适，并能够有效地传达信息。社会构建主义理论强调翻译是一种社会和情境依赖的实践。在商务英语翻译中，译者需要考虑翻译的语境和情境，包括商务环境、目标受众和社交背景，以确保翻译的适应性。社会构建主义理论认为语言是文化的中介，它反映了文化的观念、价值观和认知方式。在商务英语翻译中，译者需要意识到语言本身是文化的体现，从而更好地传达文化背景和含义。社会构建主义理论强调翻译需要适应不同的文化背景。在商务英语翻译中，这意味着译者需要灵活地调整翻译策略，以满足不同文化受众的需求和期望。社会构建主义理论有助于译者更好地理解和解释跨文化沟通中的文化差异。这有助于减少误解和不必要的冲突，促进成功的商务交流。总之，社会构建主义理论在商务英语翻译中提供了一个框架，帮助译者更好地理解翻译的社会和文化维度。这有助于译者更好地应对文化差异，确保翻译文本在跨文化环境中具有有效性和适应性。在全球化时代，这种跨文化敏感性对于成功的商务英语翻译至关重要。

七、动态翻译理论

动态翻译理论是翻译学领域中的一种理论框架，它强调翻译是一个动态、交互和情境依赖的过程，而不是简单的文字替换。在商务英语翻译中，动态翻译理论有着重要的应用价值，以下是关于其在这一领域应用的一些方面：动态翻译理论强调了翻译过程的情境适应性。在商务环境中，不同的情境可能需要不同的翻译策略。译者需要了解商业会议、合同签署、谈判等不同情境的特点，并根据情境来调整翻译方式。跨文化情境下，文化因素对于翻译至关重要。动态翻译理论强调了文化因素如何影响翻译过程。

译者需要考虑源语言和目标语言文化之间的差异，以确保翻译的文化适应性。动态翻译理论认为翻译是一种交互性过程，涉及译者与源语言和目标语言的受众之间的互动。在商务英语翻译中，这可以理解为译者需要与商业伙伴、客户和同事之间进行有效的沟通，以确保信息传达的准确性。动态翻译理论鼓励译者保持灵活性，随着情境和需求的变化而调整翻译策略。在商务环境中，市场、客户需求和商业实践可能会不断变化，因此译者需要灵活地适应这些变化。商务英语翻译通常涉及专业领域的知识，如金融、法律、医疗等。动态翻译理论认为译者需要具备相关领域的专业知识，以便更好地理解和传达相关信息。总之，动态翻译理论有助于译者更好地理解翻译过程的复杂性，强调了情境、文化和交互的重要性。在商务英语翻译中，这一理论框架可以帮助译者适应不同的商务情境，提高翻译的质量和有效性，从而促进成功的商务交流。

八、功能对等理论

功能对等理论在商务英语翻译中具有重要的应用价值。这一理论强调的是翻译的最终目标是传达源语言文本的功能和意义，而不一定要逐字翻译，这在商务场景中尤为适用。以下是功能对等理论在商务英语翻译中的应用：商务英语涉及跨文化交流，不同文化之间的表达方式和惯例可能不同。功能对等理论允许译者在保持功能一致的前提下，灵活地调整表达方式，以适应目标文化的习惯和期望，从而减少文化冲突和误解。在商务领域中，特定行业和领域可能有其专业术语和标准表达方式。功能对等理论允许译者在目标语言中选择与源语言相对应的专业术语，以确保准确传达专业信息。商务文件通常要求文本流畅自然，易于理解。功能对等理论允许译者更好地调整语言，以确保翻译文本在目标语言中具有自然流畅性，让受众容易理解。在商务交际中，最重要的是传达信息并实现特定的交际效果。功能对等理论鼓励译者关注翻译的目的和效果，而不仅仅是字面翻译。商务英语可以涵盖不同的文体和风格，如正式文件、电子邮件、商业报告等。功能对等理论允许译者灵活地选择适当的文体和风格，以满足特定文档的要求。总之，功能对等理论在商务英语翻译中有助于译者更好地平衡准确性和流畅性，确保翻译文本既传达了正确的信息，又符合目标文化和文体的要求。这一理论框架有助于实现有效的商务交流和沟通。

九、商务英语翻译的标准

商务英语翻译的标准是确保翻译质量和文化适应性。以下是一些商务英语翻译的标准和实践：翻译必须准确无误，传达源语言文本的所有关键信息，包括专业术语、数据和事实。错误或遗漏可能导致误解和业务问题。翻译文本应该流畅自然，避免生硬、生僻或不通顺的表达。翻译应该保持与源语言文本的等效性，即传达相同的意义和功能。尽管可能适应目标文化的表达方式，但功能和信息不应有所丧失。翻译必须在目标文化中具有适应性，遵守目标文化的礼仪、文化规范和惯例，这有助于避免不尊重当地文化的问题。商务英语翻译通常涉及敏感信息，因此译者必须严格遵守保密协议和隐私规定，确保客户的信息安全。译者必须具备与翻译内容相关的专业知识，包括行业术语、商业背景和领域知识，这有助于确保准确和专业的翻译。翻译文本的格式和排版应与原文一致，包括字体、标点符号、标题等，这有助于维护文档的一致性和专业性。商务英语翻译通常在有限的时间内完成，因此及时交付是一个重要标准。译者应按照客户的时间表和截止日期工作。在完成翻译后，接受客户的反馈和修订请求。译者应愿意根据客户的意见和建议进行修改和改进。译者应妥善管理翻译项目的文档，包括源文本、翻译版本和相关资料，以备将来参考和审查。这些标准有助于确保商务英语翻译的质量和专业性，以满足客户的需求并实现有效的商务交流。译者应在整个翻译过程中秉持这些标准，并不断提高翻译技能和专业知识。

第二节　广告文体翻译

一、商务广告语言特点

商务广告语言的表现要求如下所述。

（一）鲜明突出

鲜明突出是指宣传主题的鲜明突出、广告宣传对象主要特色和个性的鲜明突出，以及商品宣传方法的鲜明突出。

（二）简明通俗

简明通俗指广告语言的运用要简洁、精练，令人过目不忘。

（三）新颖别致

新颖别致是指广告语言要有创意，要符合受众求新、求奇的心理。只有凭借新奇独特的广告语言，才能在浩如烟海的广告中立于不败之地。广告语言的新颖别致，就是要巧妙利用所宣传产品对象的特点，通过联想的方式将宣传对象与其他事物联想起来，让受众从一个全新的角度看待所宣传的产品。

（四）生动形象

生动形象是指广告语言要风趣，对所宣传对象的描述要栩栩如生、形象感人，让受众阅后觉得妙不可言，并给人以精神上的享受。

二、广告文体文化翻译原则与实践分析

英国翻译理论家纽马克在探讨翻译时，将翻译同语言功能结合起来，提出文本分为“表达型文本”“信息型文本”“呼唤型文本”三类。译者在翻译时应针对不同文本类型采用不同的翻译方法。纽马克所提倡的翻译方法主要有语义翻译法和交际翻译法。

以表达功能为主的文本应采用语义翻译法，而以信息功能或者呼唤功能为主的文本应采用交际翻译法。

（一）“效果优先”原则

要保证译文和原文具有同等效果，充分发挥译者的创造性，使得译文在译语文化中有良好的可接受性。

（二）“符合译语文化”的原则

广告翻译应优先考虑在目的语中传达源语言的说服、劝诱效果。因此，对于广告中那些带有浓厚文化色彩的习惯用法、成语，或源于寓言、典故、宗教习俗的地名与人名等，译者需要在“效果优先”的前提下进行调整，不可按字面意思一味地做异化翻译。当原文中极普通的词语直译成译语会引起读者的误解时，译者需要斟酌。

（三）“符合译语广告规范和特色”的原则

语言表达及文化背景的差异，使得英语广告和汉语广告有各自的撰写特色。广告译文在符合译语文化背景的同时，也应符合译语广告的写作特色及编排习惯。从汉、英语言的特点来看，汉语突出物象，喜欢托物寄情，所以中国的文案创作者在广告写作上爱用华丽之词和朗朗上口的四字成语；而英语则更重形式、重写实、重理性，所以英语国家的广告强调用词简洁自然，多用简短的省略句、疑问句、祈使句等。如果译者过多地受源语言广告写作手法的束缚和干扰，一味考虑源语言语言因素，则有可能使一则优秀的广告变得不伦不类，句子冗长，内容枯燥乏味，让译文读者难以理解与接受。

商业广告不仅具有广告的特性，还具有自己独特的属性，即商业广告是以营利为目的的信息传播活动。商业广告具有唤起需要功能和说服功能。唤起需要功能是指除了传递商品或服务的信息，广告还应向消费者灌输一种全新的理念，从而让消费者产生好奇的心理并对产品感兴趣，最终让消费者觉得对所宣传的商品有实际的需要。说服功能指的是广告能够消除消费者的不安，让其有勇气去购买。

第三节 旅游文体翻译

旅游文本主要指以国外普通游客为对象，介绍中国旅游资源的书面体指南性资料。从文体角度来看，该类型资料属于说明性应用文体，以描写、说明、介绍为主，主要的功能是向读者传达信息，语言简洁明了，用词朴素平实，文章的组织行文在一定程度上呈格式化。因此，它具有信息功能。鉴于旅游外宣传播的功能不仅是向游客传递有关旅游产品的信息，旅游文本还要通过对旅游产品的介绍、宣传、推广来引起游客或潜在游客的兴趣，激发他们亲身体验旅游产品的愿望，具有较强的吸引力和感染力，因此，它还具有一定的呼唤功能。

一、英汉旅游文本的文体特点

英汉旅游文本具有各自的文体特色及风格。贾文波认为，汉语旅游宣传材料大多重视言辞的华美，多用四言八句，多仰仗辞藻的渲染而非物象的明晰展示，因而“文采浓郁”。究其原因，汉语旅游宣传材料的写作历来受古代地理著作及山水游记类散文作品，如《水经注》及《徐霞客游记》等的影响，行文讲求工整，声律讲求对仗，文意讲求对比，追求音形意美及诗情画意的效果。[①]

英文的旅游宣传材料大多风格简约，结构严谨而不复杂，行文用词简洁明了，表达直观通俗，注重信息的准确和语言的实用，景物描写多用具体的罗列来传达景物之美，力求忠实再现自然，让读者有一个印象。

二、英汉旅游文本的文化差异

旅游文本涉及许多风土人情、历史典故、民间传说等，具有较浓厚的文化色彩，有许多文化负载类信息。汉语属于汉藏语系，而英语属于印欧语系，两者的语言文化存在着比较大的差异。因此，汉英语言翻译存在许多文化缺

① 贾文波. 应用翻译功能论 [M]. 北京：中国对外翻译出版公司，2004.

省，需要在翻译中进行信息调整和弥补。

第四节　文学经典作品翻译

一、文学翻译的界定与本质

（一）文学翻译的界定

这个问题的答案似乎显而易见：文学翻译即对文学作品的翻译。然而，我们在使用“文学翻译”这个术语时，很少注意到这个词的双重含义：它既可以指文学翻译的作品，也可以指文学翻译的行为。如果我们进一步追问，会发现问题远非那么简单：什么是文学？什么是翻译？文学翻译与非文学翻译有何区别？文学翻译的本质是什么？对这些基本问题，我们未必能给出令人信服的答案。因此，我们有必要对文学翻译的概念进行简要的梳理。

关于“文学”（literature）一词的概念，古今中外都存在广义和狭义之分。

广义的文学是指所有的口头或书面作品。狭义的文学指的是包含了情感、虚构或想象力的作品，如诗歌、小说、戏剧、散文等。然而，还有一些作品难以归类，习惯上被视为文学作品，如传记、纪实文学等。一般而言，文学翻译是指对诗歌、散文、小说、戏剧、杂文、传记、儿童文学等文学作品的翻译。

文学是语言的艺术，而翻译的核心是语言。因此，语言的运用不仅是文学区别于非文学的重要特征，也是文学翻译关注的首要问题。那么文学语言究竟有什么特征呢？美国语言学家波洛克在《当代知识论》[①] 一书中，对文学语言、科学语言和日常语言进行了比较全面的区分。文学语言的特点如下：

（1）文学语言有很多歧义。每一种在历史过程中形成的语言，都拥有大量同音异义字（词），以及诸如语法上专断的、不合理的分类，并且承载

① 约翰·波洛克，乔·克拉兹．当代知识论 [M]. 陈真，译．上海：复旦大学出版社，2008.

着历史上的事件、记忆和联想。

（2）文学语言远非仅仅用来指称或说明，它还有表现情意的一面。

（3）文学语言强调文字符号本身的意义，强调语词的声音象征，如格律、头韵和声音模式等。

（4）文学语言对于语言资源的发掘和利用更加用心和系统，具有十分一贯和透彻的“个性”。文学语言一般不以实用性为目的，而是指向审美的。

（5）文学（语言）处理的大都是一个虚构的、想象的世界。

根据这段论述，我们概括总结文学和文学语言的特点如下：文学作品的内容是虚构的、想象的，其目的是审美；文学注重的不是语言的意义，而是语言本身，用来表达人类丰富的情感；文学语言具有丰富的内涵，与该语言所特有的历史文化有着密切的关系；形式上丰富多彩，具有创意性；语言独特，具有节奏和韵律。简言之，文学的想象性、审美性、创造性、抒情性是它与非文学（科学和日常语言）的显著区别。当然，我们也必须明白：“艺术与非艺术、文学与非文学的语言用法之间的区别是流动性的，没有绝对的界限。”

此外，不同文学体裁在上述性质上的表现程度也不尽相同。例如，小说对语言形式（音韵、格律等）的关注就不如诗歌和散文，而后两者对语言描写的内容（人物、情节、环境等）的重视就远不如小说。总之，从语言所具有的特征方面来讲，文学翻译作品的语言应该具有想象性、审美性、创造性和抒情性。从内容来讲，文学翻译是对文学作品的语言形式、艺术手法、情节内容、形象意境等的再现。

以上从不同侧面对文学翻译的界定，在一定程度上厘清了文学翻译和非文学翻译的关系。然而，上述定义却无法回答文学翻译行为本身的性质问题：文学翻译是对原作的临摹还是创作？是一门语言转换的技巧还是货真价实的艺术？文学翻译是否具有不同于文学创作的性质？对这些问题的回答，不仅仅是概念问题，而是关乎我们如何看待文学翻译的本质、地位、价值、标准、方法和评价的关键。

（二）文学翻译的本质

在使用“文学翻译”这个词时，应当注意它既可以指文学翻译作品，也可以指文学翻译的行为。我们常常混淆二者，将文学翻译作品的性质与文学翻译行为的性质混为一谈。对于前者，由于文学翻译的对象即文学文本的特殊性，文学翻译作品当然也具有审美性、形象性、创造性、抒情性和模糊性等特点。而我们对文学翻译行为的认识，经历了一个不断发展的过程：模仿、创造、改写、操纵、叛逆、阐释等。

二、文学翻译中的文化缺省补偿策略

（一）文化缺省补偿的必要性

读者在理解文本时，必须将文中提供的信息和大脑中的已有知识加以关联。从这个意义上讲，作者构建文本，而读者把文本信息和大脑中已经存在的看不见的信息加以结合、构建意义。但是译文作者由于有着不同于原文作者的生活背景和文化背景，在翻译一本书或者一篇文章的时候就容易出现文化缺省。

生活在不同社会背景下的人有着不同的文化背景知识，具体包括基本的假设、信仰、思想以及政治和历史背景等知识。这些知识在某一文化中根深蒂固，为生活在同一语言文化背景中的人所共同拥有，但是很少在书本上对其加以定义和描述，因为文化背景知识太基础、太显而易见了，根本无法用语言进行描述。但是在实际中，原文作者不会在乎译文作者的翻译能力，一些对于原文作者显而易见的内容，会对译文作者在推断层面造成障碍。也就是说，译语读者不熟悉文本的文化背景，就不能在陈述的事件中发现其中的细节（intervening details）。

例如，一些习惯用语及一些不言而喻的缩写词，在原文作者国家很常见，但是译文作者有时候为了直译，不对文化缺省进行补偿，导致译语读者根本不知道原文在说什么。在跨语言文化交际中，译语读者没有合适的图式来进行搜索，因而就没有充分的线索来激活他的图式空位。因此，在翻译过程中，由于文化缺省不可避免地存在，译者应该把在结构上隐含的内容在译文中加以明确表达，以便译语读者获得对原文的准确和连贯的理解。

接受者对文本的理解，在很大程度上依赖于自己的文化背景知识。实际上，原文作者是根据自己的语言和文化背景生产原文的。既然源语接受者和原文作者具有相同的文化背景知识，源语接受者通过激活他长期记忆中的图式，把原文作者意欲表达的文化含义和文本加以关联，就可获得对原文的透彻理解和阐释，即使原文中的含义在结构上不透明也影响不大。但是，译语读者由于不熟悉原文中的文化背景知识，难以完全理解原文所表达的内容。如果原文结构上的隐含意义在译文中不加以明确表达，译语读者就会产生误解或者不明白原文作者的真实意图。因此，为了使译文读者较好地理解原文，译者应采取恰当的方法对译文的文化缺省进行补偿。

人际交往的七个要素是信息源、信息、信道、接受者、反馈、障碍和背景。在此过程中，信息源通过信道传递给接受者。由于翻译是一个跨文化交际过程，译者在翻译过程中既是原文的信息源，又是译文的作者。换句话说，译者既是信息源，又是信息的接受者，他扮演的角色就是源语作者和译语读者之间思想的桥梁。作为信息的接受者，译者必须在准确理解原文的基础上对信息的内容解码，而解码过程涉及诸如作者的意图和写作背景之类的多个方面。同时，译者又必须把从原文中解码的内容在译语中加以编码，然后传达给译语读者，这个过程叫作再生产或表达。因此，我们认为翻译是一个以目标为导向的活动（goal-directed activity），主要由解码和编码组成，或更准确地说，由解码和重新编码（因为原文信息在源语中已由原文作者编过一次码）组成。

在同一语言交际方面，信息有两个维度：长度和难度（length and difficulty）。恰当的信息具有的难度都能大致与代表接受者接受能力的信道容量（channel capacity）相匹配。一个信息之所以具有意义，与从众多的可能信息中选出的某个信息的编码、传输和解码能力有关。由于原文读者和他的意向读者生活在同一社会和文化语境中并且以同一语言进行交流，他们之间的交流应该是自然和成功的。

然而，在翻译中，我们应该考虑目标语接受者的信道容量。如果一个信息被翻译成同样的长度，那么它的难度就会增大，原文的信息就不能通过目标语接受者的信道（channel）。一般来说，译文接受者的信道容量要比原文读者的小。这是因为对于原文读者来说不言而喻的文化缺省成分，对于译语读者来说则可能显得莫名其妙。这就意味着源语接受者和译语接受者由于缺乏共同的历史、文化、经济和政治等背景而发生交际过载（communication overload）。

如果译文的难度超过译语读者的解码能力，译文理解就非常吃力，甚至译文读者会中断阅读。为了使信息顺利通过译语读者的信道，应该在译文中增加冗余信息（redundancy），以便调整交际载荷来适应译语读者的信道容量。但是这并不意味着译者可以随意增加或减少原文的意义，而是表明译者可以明示源语结构上隐含的意义而同时又能最大限度地保留原文的意义。这就要求把信息的长度拉长以降低源语的难度。为了使译文通过译语读者的信道，译者必须预测原文对于译语读者将会达到什么样的效果，以及什么内容对于译文读者来说会构成文化缺省。

如果文化缺省出现，译者应该根据原文的具体情况增加文化信息，从而在译文中增加一个冗余度（measure of redundancy）来填补译语读者的意义真空。以下以实例进行阐释。

例 1：Being a teacher is being present at the creation, when the clay begins to breathe.

译文：作为一名职业教师，从某种意义上讲，他可以亲眼见识到上帝用泥土创造人类的过程，即目睹一个生命的呼吸成长。

在该例中，单词“creation”源于圣经故事，即上帝用泥土创造了人类。中国读者由于缺乏基督教的文化背景知识，因而有必要添加相关的文化信息以便译文具有意义并能被理解。

例 2：Son, lover, thinker, fighter, leader, Hamlet is the incarnation of all human potential defeated by some warp of human nature and destiny.

译文：作为儿子、情人、思想家、战士、领袖，哈姆雷特是本可以享受天伦之乐、品尝热恋的甜蜜，并且可以在工作上大展身手，然而因为命运和人性的戏弄，最后成为含恨而死的象征。

英语“potential”在英汉词典上译为“潜力，可能性”，实际上是指“that which is possible”，含义很广。“human potential”是指人所能达到的一切。联系“son”“lover”“thinker”“fighter”“leader”等词，“all human potential”一词的含义就更广泛了。“defeat”一词是指挫折。我们只能根据全剧剧情

从天伦、爱情、事业三个角度来加以阐释，得出上面的译文。这种解释当然是不完备的，但也只能如此。

总而言之，如果原文比较长并且难度大，直接翻译的文字对于中国读者来说是很难理解的，所以译者应该运用意译的形式将文字形象性地加长，从而把文字中隐含的部分用语言表达出来。实际上，这就是把内容因素提升到形式上来的结果。

（二）文化缺省补偿的方法

1. 直译加注

中国唐代诗人孟郊有首诗，原文如下：

欲别牵郎衣，

郎今到何处？

不恨归来迟，

莫向临邛去！

Fletcher 的译文如下：

You wish to go，and yet your robe I hold.

Where are you going—tell me，dear—today？

Your late returning does not anger me.

But that another steal your heart away！

实际上，这里“临邛”是一个典故，构成了一个独特的文化意象。诗人用“莫向临邛去”表明女主人公希望其丈夫不要在外另结新欢。在翻译中，如何处理这个典故确实是一个棘手的问题。而Fletcher在译文中回避了“临邛”这个文化意象。这样一来，译文仅仅传达了原诗中包含的信息，却失去了原文的韵味，更重要的是失去了将中国文化中的一个重要特征介绍给西方读者的绝好机会。

在该译例中，译者最好运用直译加注（literal translation with a footnote or an endnote）的方法来对目标语的文化缺省做出补偿，以便读者既有机会欣赏异国文化，也有机会去运用想象力获得审美的愉悦。

例：Elliott, the costume too large now for his emaciated frame, looked like a chorus man in an early opera of Verdi's.The sad Don Quixote of a worthless purpose.

译文：埃略特的躯体已经消瘦，穿上这身宽大的衣服，活像威尔第早期歌剧里的合唱员。无谓奔波的、可悲的堂吉诃德啊！

在该例中，译者采用了直译加注的方法来对目标语的文化缺省做出补偿，以便读者有机会欣赏异国文化，从而获得探索异域文化的愉悦。

2. 文内补偿

（1）增译

一定程度上，增译（contextual amplification）填补了直译加注补偿方法的空白之处。这样既保留了源语文化意象，又可以为目标语读者提供有关文化背景信息。增译虽然符合读者的阅读惯性，但缺点也不可忽视：一是原文的艺术形式在译文中有所变形，隐性的含蓄变成了显性的直白，甚至拖沓、冗长；二是文内可用于语篇外文化介入的空间有限，读者只能从文内获得有限的文化背景信息；三是原文含蓄的审美效果也会因译文透明式（transparent）的处理方法而受到削弱。

有人说翻译就是翻译意义，这种说法有一定的道理。然而，在翻译某些比喻性词语或历史典故这样的具有鲜明文化特色的词语时，译者处于两难的境地，因为这些词语都有着表层结构和深层结构。举例来说，如果我们把“三个臭皮匠，顶个诸葛亮”译成“Even three cobblers can surpass Zhuge Liang”，其表层结构得以传达，而其深层结构在译文中丢失殆尽；如果把其译成“Many heads are better than one”或“Collective wisdom is greater than single wit”，其基本意义得以保留，但其两个文化意象“臭皮匠”和“诸葛亮”在译文中因受到扭曲而丢失殆尽。在这种情况下，译者应考虑运用一种能够使译文吸收这一中国文化的方法来补偿译文的文化缺省。因此，该译例中恰当的方法是采用把注解置入文内的增译法，译为“Three cobblers with their wits combined surpass Zhuge Liang the mastermind”。这样，原文中的意义和意象在译文中都得以保留。

（2）释义

在翻译中，出现近似的两种文化因素或重要的源语文化因素时，我们必须忠实于源语中文化特色词语的表达形式和意象。但是，当源语文化因素与源语语言本身关系密切，或者跟特定历史和文化密切相关，而很难将其置于另一种语言中时，改变原文中的意象和形式，便可以达到忠实于源语文化因素所包含的意义的目的。

在翻译中，两种语言间文化差异的大小决定了源语形式的保留程度，且二者呈正相关。在目标语文化不存在源语所提及的事物，或者两种语言背景下的同一事物具有不同的联想意义的情况下，译者可以采用释义（paraphrase）的方法来对目标语的文化缺省进行补偿，但前提是源语作者使用的文化因素在源语中的重要性不会影响到艺术意象。在成语或典故的翻译中，直译加注会使译文更加烦琐，所以最常用的就是释义手段。举例如下：

例1：右翼骨干。

译文：nucleus of the fight wing。

例2：那么，我们就停滞了，我们就是肯定片面性了，就是同整风的要求背道而驰了。

译文：We could be stagnating and would be approving one-sidedness and contradicting the whole purpose of rectification.

例1中，如用“backbone”来译“骨干”，会有“翼”和“脊梁”两个形象难以相配的困难（“翅膀的脊梁”不合逻辑）。例2中，如用“run counter to”来译“背道而驰”，也会与“stagnating”一词相矛盾（既然停滞怎么会朝反方向走）。而译者用释义手段避免了这些矛盾。

三、中国文化特色词语的英译分析

中华五千年文明史给人类留下了丰富的人文知识和文化遗产，这深厚的文化沉淀更是形成了独具特色的表达方式。某一特定的文化背景，让文化特色词语和特定的语言与文化密不可分，也表现出了很大的特色，如栩栩如生、生动有力等词语，更是凸显了民族特色。我们很难在译文中找到合适的类似表达方式，就是源于文化特色词语表现出来的特殊语言现象。为了更好地让译者增强文化敏感意识，在翻译过程中可以发现特色词语的文化背景信息，并且可以找到更恰当的独具特色的文化语言与原文相匹配，下面以翻译实例的方式，来展示中国文化特色词语英译的翻译策略。

（一）中国文化特色词语

中国文化特色词语翻译实践证明，翻译是一种跨文化交际活动。源于汉语和英语地域、历史和文化背景的差异，形成了两个民族不同的价值观和对事物不同的理解力。对于一些文字，中国人家喻户晓，但国外可能还不了解。国外的很多读者可能连国人熟知的一些知名城市或者企业的位置都不知道。对于我们熟悉的本国名人要事，作者在作品中就不会特意去普及这些大家都了解的知识。这就是为什么译文读者认为译文文本中会存在一些缺省的成分，因为原文读者拥有和作者同样的文化背景，即使作者没有在原文中表达出来，读者也可以解读出这些文化信息。被省略的文化信息让作品阅读起来更通俗易懂，实现更高效的沟通。但是由于文化特色、语言背景知识存在的文化差异，它们很难用词语表达出来，因此让译文读者很难理解文章内在的含义。译文读者对文化背景知识的缺乏，也容易导致其对作品断章取义，其中最明显的例子，如财运（luck in making money）、江南水乡（lower reaches Yangtze River）等。

（二）中国文化特色词语翻译的策略及方法

从翻译实例中我们也总结出，翻译工作是一条文化交流的纽带。原文作者和译文读者由于地域环境的不同、文化的差异，形成了不同的文化底蕴。原文作者并没有考虑到译文读者的承受力，这是一个事实，就是因为原文中文化特色词语隐含的成分并没有表现出来。源语文化特色词语所隐含的文化缺省成分在大多情况下都不被译者重视，这就导致了译文读者断章取义，不能形成思维的连贯性。另外，汉语和英语文化特色词语所涉及的文化底蕴不同，这就导致对译文的错误理解很难被发现，也导致了读者误读原文的含义。从目标读者角度出发，文化特色词语所隐含的文化缺省成分更应该被译者重视，并增强补偿文化缺省成分的意识，在翻译的时候要着眼于不同的文化特色背景，立场更中立一些，在译文中适当地表达出文化特色词语隐含的内容。

1. 释义（paraphrase）

所谓释义法，是指通过解释原文中文化特色词语所隐含的含义来处理源语中的文化因素。释义法因为既能保留原文的信息，又能在翻译过程中给译者较大的自由度，所以在翻译文化特色词语时得到了广泛采用。释义法用于翻译比喻性词语时，要求译者要抓住内容和喻义这一重要方面，结合上下文灵活地传达原意。

例：你们（中层干部）是上面的领导与下面的群众之间的桥梁。

该例句的原文在汉语中是很通顺的，但直译为英语有困难，因为原文中有两个矛盾的形象："上面的"与"下面的"是垂直关系，而"桥梁"则是水平走向。汉语是一种重视形象的语言，而英语是一种重视逻辑思维的语言。译者应以英汉两种语言的思维方式及比喻形象的异同为切入点，考虑该例的翻译。现给出两种译文。

译 1：You are a bridge between the leadership and the masses.

译 2：You are link between the leadership above and the masses below.

2. 套译（corresponding）

在众多翻译方法中，较灵活的就是套译，也可称之为借用或移植。同时，译者平时应多收集一些英美媒体的表达方式，这样在翻译特色文化词语时，可以直接采用套译法去移植一些外来表达方式，以此保证译文的连贯性，同时解决目标语读者理解上的障碍。其中，套译的标准和关键是一个"度"或"得体"的问题。

（1）回译成英语。一些当初译自英语的普通名词，翻译时必须回译成英语名词，这与专有名词的回译是一样的。

专卖店　exclusive agency；franchised store。

对冲基金　hedge fund。

可视电话　picture phone。

业绩奖励　performance incentives。

（2）套用国内权威译法。

禁渔期　closed fishing season。

对外口径　unified version for the public。

配套政策　supporting policies。

综合国力　comprehensive national strength。

参考文献

[1]向明友.论言语配置的新经济原则[J].外语教学与研究，2002(5)：309-316.

[2]唐庆华.试论语言学研究的跨学科趋势[J].学术论坛，2009(7)：150-154.

[3]杨自俭.语言多学科研究与应用[M].南宁：广西教育出版社，2002.

[4]况新华，谢华.国内语用学研究概述[J].外语与外语教学，2002(6)：6-8.

[5]张新红，何自然.语用翻译：语用学理论在翻译中的应用[J].现代外语，2001(3)：286，292.

[6]何兆雄.语用学文献选读[M].上海：上海外语教育出版社，2003：370-372，374.

[7]骆裴娅.经济语言学视域下的广告语言[J].重庆工学院学报(社会科学版)，2009(4)：142-145.

[8]王爱琴.基于本土实用文本的翻译教学[J].中国科技翻译，2009(4)：29.

[9]梁雪松.外贸产品样本的典型误译与评析[J].中国科技翻译，2009(1)：30-31.

[10]李健.认知图式理论在翻译教学中的应用[J].长春工程学院学报(社会科学版)，2014(2)：146-148.

[11]赵海燕.认知图式理论在商务翻译教学中的应用[J].长春金融高等专科学校学报，2013(1)：55-57.

[12]武光军.翻译课程设计的理论体系与范式[J].中国翻译，2006(5)：14-16.

[13]教育部高等教育司.大学英语课程教学要求[M].上海：上海外

语教育出版社，2007：1-4.

[14] Krashen S.D.Second Language Acquisition and Second Language Learning [M] .Oxford: Pergamon, 1981.

[15] 仲伟合 . 译者的知识结构与口译课程设置 [J] . 中国翻译，2003（4）：65-67.

[16]苗菊，朱琳 . 认知视角下的翻译思维与翻译教学研究[J]. 外语教学，2010（1）：98-100.

[17] 吕立松，穆雷 . 计算机辅助翻译技术与翻译教学 [J] . 外语界，2007（3）：35-43.